质量管理理论与实训

顾　问　新藤久和　池永辉之
主　编　吴志新
副主编　徐华伟　张军锋

浙江工商大学出版社
ZHEJIANG GONGSHANG UNIVERSITY PRESS
·杭州·

图书在版编目(CIP)数据

质量管理理论与实训 / 吴志新主编. — 杭州：浙
江工商大学出版社，2020.9(2021.3 重印)

ISBN 978-7-5178-3841-8

Ⅰ．①质… Ⅱ．①吴… Ⅲ．①质量管理－高等学校－
教材 Ⅳ．①F273.2

中国版本图书馆 CIP 数据核字(2020)第 077280 号

质量管理理论与实训

ZHILIANG GUANLI LILUN YU SHIXUN

顾　问　新藤久和　池永辉之

主　编　吴志新　副主编　徐华伟　张军锋

责任编辑　范玉芳　郑　建

封面设计　林朦朦

责任印制　包建辉

出版发行　浙江工商大学出版社

　　　　　(杭州市教工路 198 号　邮政编码 310012)

　　　　　(E－mail:zjgsupress@163.com)

　　　　　(网址:http://www.zjgsupress.com)

　　　　　电话:0571-88904980,88831806(传真)

排　版　杭州朝曦图文设计有限公司

印　刷　杭州高腾印务有限公司

开　本　787mm×1092mm　1/16

印　张　11.5

字　数　171 千

版 印 次　2020 年 9 月第 1 版　2021 年 3 月第 2 次印刷

书　号　ISBN 978-7-5178-3841-8

定　价　49.00 元

本书由以下项目资助：

1.国家社会科学基金重大项目"我国重大装备产品质量管控模式与方法研究"（项目编号：12&ZD206）。

2.教育部人文社会科学研究青年项目"价值多环流架构下中国先进制造业价值链攀升路径研究"（项目编号：18YJC630253）。

3.2020年度教育部人文社会科学一般课题"城市公共服务与生态系统服务的空间冲突与协调对策"（项目编号：20YJCZH006）。

前　言（推荐）

为了适应质量管理理论研究与实践的需要,本书在系统地介绍质量管理理论发展的基础上,将内容分为三部分:理论篇、工具篇和实践篇。"理论篇"主要介绍质量管理的基本理论和方法。"工具篇"主要介绍 QC 老七种工具(排列图、因果分析图、亲和图、直方图、控制图、散布图、检查表)。"实践篇"则针对"理论篇"所介绍的知识,着眼于如何实际操作、训练等内容,是作者近 20 年来工作实践与学习活动的再现和多年在高校开展实践教学的总结。

本书主要分四个部分来阐述质量管理理论的方法及应用。

第一部分从理论角度介绍了质量管理的基本概念,质量管理的发展历程,质量管理大师的主要观点等。

第二部分从追求完善的质量改进工具角度引入了老七种工具及 QFD,FMEA,DOE,TRIZ 等常用的质量管理工具。

第三部分从大质量也就是宏观质量角度重点介绍了卓越绩效模式(GB/T19580)和 ISO9001 系列的质量管理体系等内容,从外部控制的角度编入了 ISO9000、环境管理、职业健康管理等内容。

第四部分为提高学生的实际操作能力和应用技能,介绍了质量管理常用软件Minitab 工具。通过对该工具的学习与应用,让学生掌握相关分析、控制图等质量管理手段,满足应用型高校建设的要求。

本书适合工商管理专业高职生、大专生、本科生、MBA、研究生及从事质量管理工作的人员使用。本书中涉及的卓越绩效模式(GB/T19580)源于美国波多里奇国家质量奖标准,目前有 80 多个国家和地区在推广应用。企业可以通过卓越绩效模式集成的先进管理理念和方法来评价企业的管理业绩,使企业不断走向卓越。

中国 2001 年启动的全国质量管理奖评审工作,就是以卓越绩效模式为评审标准。本书内容是作者多年来担任全国质量奖、各地政府质量评审奖工作的结晶。通过课堂讲授,课后调研,期末撰写实训报告,学生能够对质量管理体系有深刻的认识。

本书按照基础理论—工具方法—实践操作—科学应用的思路展开,逻辑清晰,结构严谨,内容精练,案例丰富,很好地把握了质量管理理论与质量管理实践之间的平衡,既有符合大学教学的理论深度,又非常贴近企业质量管理的实践需要。此外,本书按照质疑—探思—求解的实践导向型思路,通过案例引出问题,便于学生理解。

无论是从研究方法还是内容上看,本书都具有很高的学术价值,为企业开展质量管理提供了很好的建议和意见,是一本值得大家阅读的好书。

日本岐阜经济大学教授/博士(前校长)

池永辉之教授

日本山梨大学前副校长

新藤久和教授

(吴志新译)

2019 年 12 月 18 日

国际质量管理大师、日本山梨大学前副校长新藤久和教授

目　录

第三篇　质量管理实践篇

引　言

　　随着制造业的全球化和网络信息化的发展,企业想要在日趋激烈的市场竞争中立于不败之地,必须不断提高产品和服务的质量。虽然说在远古时代,人类就已经开始进行质量管理活动,但真正意义上的质量管理活动是在 20 世纪初,工业化发展后才开始进入快车道。百年来,各种质量管理理念风生水起,诸如事后检验、过程控制、全面质量管理、6S 管理、零缺陷等理念层出不穷,让人应接不暇。但所有的控制理念不管高深或简单,都建立在同一个基础上,那就是对基本质量控制工具的应用。

　　你或许还在为工厂发生质量问题却找不出原因而担忧,为不知如何处理海量数据而发愁,或为找不到质量改进的方向,眼看客户不断流失而焦急万分。本教材将会针对这些问题提出解决之法。

　　本教材将从宏观和微观两个角度,分析质量管理的发展趋势,为后续质量管理控制实践打好理论基础。所谓宏观质量管理是从"大质量"的角度,论述企业的质量管理是"全员、全过程、全面、多方法"的质量管理,这将涉及各种质量管理认证体系的内容,如 ISO 系列中的 ISO9001,ISO14001,ISO8001,GB/T19580,TS16949 等。

　　微观质量管理也就是"小质量"管理,主要聚焦于现场管理人员的技术、方法和工具等方面的改进,提升现场质量管理水平,包括老七种工具、5S 管理、精益生产、QFD、DOE、六西格玛等现代质量管理工具的应用。

第一篇　质量管理理论篇

第一章　质量管理概述

【学习目标】通过学习本课程，你将能够：

（1）掌握现场质量管理、质量控制、质量创新的基本理念和基础知识。

（2）掌握质量管理的基础理论，能有助于提高分析问题、解决问题的能力。

【学习对象】高职生、大专生、本科生、研究生、MBA及企业中从事制造、制造工程、研发、工艺等人员。

【授课时间】10学时。

【培训特色】要深入理解质量管理的理论知识，需要在理论的讲解过程中，结合实践生活中的案例，通过教师个人的亲身体会，用通俗易懂的语言来描述。本篇内容简单实用，可操作性强，所选案例均在品质改善中实际使用过，让所学者一学就会，会而能用。

第一节　质量及质量管理概念

一、质量管理的相关概念

我们常说一个物品"质量的好与坏"，一项服务"质量的好与坏"，人们通常喜欢用"好""不好""差"等形容词来描述，但不同的人对同一个物品或同一项服务质量的好与差的评价会有很大的差异。"质量"具体是指什么呢？首先得明确质量概念是什么。狭义的质量指的是产品质量。广义的质量除产品质量外，还包括过程质量和工作质量。因此，可以说质量就是产品、过程或服务满足规定要求的优劣程度。

质量管理是对确定和达到质量所必需的全部职能和活动的管理。其中，包括质量方针的制定及所有产品、过程或服务方面的质量保证和质量控制的组织、实施。质量管理包括质量控制、质量保证等内容。

质量控制即对质量的管理。质量控制主要采用数理统计方法,如六西格玛、DOE(实验设计)、SPC(统计过程控制)、CPK(制程能力)等,将各种统计资料汇总、加工、整理,从而得出有关统计指标、数据,以此来衡量工作进展情况和计划完成情况,找出偏差及其发生的原因,从而采取措施达到控制的目的。

质量保证是向顾客保证企业能够提供高质量的产品。质量保证帮助企业建立质量信誉,同时也大大强化了内部质量管理。质量保证与质量管理、质量控制的区别是质量控制注重监测,质量控制和质量管理均侧重内部,质量保证主要是让外部相信质量管理是有效的。

问题:你知道中国古代有哪些方法来控制质量吗?如万里长城建筑的工程质量是怎么控制的?参考答案请扫二维码。

古代控制质量的方法

二、质量管理的发展

质量管理的发展与工业生产技术和管理科学的发展密切相关。现代关于质量的概念包括对质量社会性、经济性和系统性三个方面的认识。

(一)质量社会性

质量的好坏不是从用户角度,而是从整个社会的角度来评价的,尤其关系到生产安全、环境污染、生态平衡等问题时更是如此。现代社会尤其关注这些内容,近年来,浙江省大力贯彻"绿水青山就是金山银山"的"两山"理论和提倡"五水共治"等都说明了高质量的国家必须有高质量的生态环境来支持。

问题:你知道质量的社会性主要体现在哪些方面吗?参考答案请扫二维码。

质量管理的社会性

质量是企业的生命,是一个企业整体素质的展示,也是一个企业综合实力的体现。伴随人类社会的进步和人们生活水平的提高,顾客对产品质量要求越来越高。因此,企业要想长期稳定发展,必须围绕质量这个核心开展生产,加强产品质量管理,从而生产出高品质的产品。

(二)质量经济性

质量不仅要从某些技术指标来考虑,还要从制造成本、价格、使用价值和消耗等几个方面来综合评价。在确定质量水平或目标时,不能脱离社会的条件和需要,不能单纯追求技术上的先进性,还应考虑使用上的经济合理性,使质量和价格达到合理的平衡,这就是我们平时常说的产品或服务的"性价比"。

(三)质量系统性

质量是一个受到设计、制造、安装、使用、维护等因素影响的复杂系统。例如,汽车是一个复杂的机械系统,同时又是涉及道路、司机、乘客、货物、交通制度等特点的使用系统。产品的质量应该达到多维评价的目标。质量管理大师费根堡姆(Feigenbaum)认为,质量系统是指具有确定质量标准的产品和为交付使用所必需的管理上和技术上的步骤的网络。

从质量管理发展到全面质量管理,是质量管理工作的一大进步,统计质量管理着重于应用统计方法控制生产过程质量,发挥预防性管理作用,从而保证产品质量。然而,产品质量的形成不仅与生产过程有关,还与许多过程、环节和因素有关,这些不是单纯依靠统计质量管理就能解决的。全面质量管理相对而言更能适应现代化大生产对质量管理整体性、综合性的客观要求。

第二节　全面质量管理 TQM 的概念和基本要求

一、全面质量管理的概念

1961 年,费根堡姆在《全面质量管理》一书中首先提出了全面质量管理的概念:"全面质量管理是为了能够在最经济的水平上,并在充分考虑到满足用户要求的条件下进行市场研究、设计、生产和服务,把企业内各部门研制质量、维持质量和提高质量的活动构成一体的一种有效体系。"

问题：你认为费根堡姆所强调的全面质量管理应该包括哪些方面的内容？参考答案请扫二维码。

费根堡姆的全面质量管理理念在世界范围内得到了广泛的接受。各个国家还在实践中进行了创新。特别是 20 世纪 80 年代以来，全面质量管理得到了进一步的扩展和深化，成为一种综合的、全面的经营管理方式和理念。在这一过程中，全面质量管理的概念也得到了进一步的发展。1994 版 ISO9000 族标准中对全面质量管理的定义为：一个组织以质量为中心，以全员参与为基础，通过让顾客满意和本组织所有成员及社会受益而达到长期成功的管理途径。这一定义反映了全面质量管理概念的最新发展，得到了质量管理界广泛认可。

综上所述，质量管理已经朝着两个方向发展，如图 1-1 所示。一个是宏观的质量，如 GB/T19580 和 ISO9001 等各类质量管理体系；另一个是微观的质量，也就是小质量，它更多涉及一些质量管理工具的应用，如 QC 新老七种工具、QFD 等。

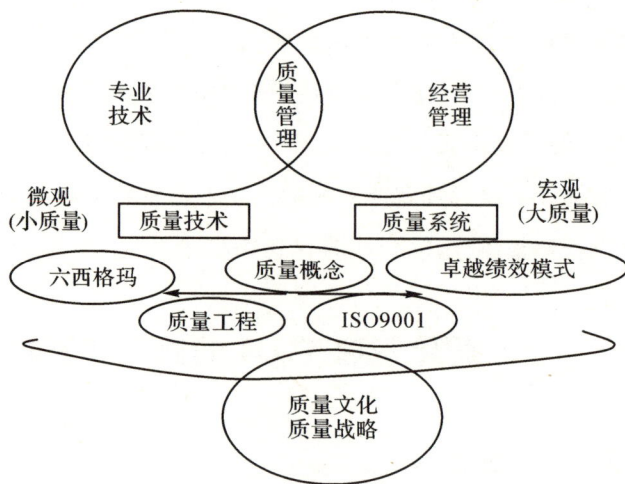

图 1-1　质量管理发展方向

二、全面质量管理的基本要求

全面质量管理在我国得到了一定的发展。我国专家总结实践中的经验，提出了"三全一多样"的观点。即认为推行全面质量管理,必须满足"三全一多样"的基本要求。具体要求如下。

(一)全过程的质量管理

任何产品或服务的质量,都有一个产生、形成和实现的过程。从全过程的角度来看,质量产生、形成和实现的整个过程是由多个相互联系、相互影响的环节所组成的,每一个环节都或轻或重地影响着最终产品或服务的质量状况。为了保证和提高质量就必须把影响质量的所有环节和因素都很好地控制起来。为此,全过程的质量管理包括了从市场调研、产品设计开发、生产(作业)到销售、服务等全部过程的质量管理。后续要讲的质量机能展开(QFD)就体现了全过程的质量管理思想。换句话说,要保证产品或服务的质量,不仅要搞好生产或作业过程的质量管理,还要搞好设计过程和使用过程的质量管理。要把质量形成全过程的各个环节或有关因素控制起来,形成一个综合性的质量管理体系,做到以预防为主,防检结合。

> 问题:全面质量管理体现了哪些思想? 参考答案请扫二维码。

全面质量管理
体现的思想

可见,全过程的质量管理就意味着全面质量管理"始于识别顾客的需要,终于满足顾客的需要"。

(二)全员的质量管理

产品或服务质量是企业各方面、各部门、各环节工作质量的综合反映。企业中任何一个环节,任何一个人的工作质量都会不同程度地直接或间接地影响着产品质量或服务质量。因此,产品质量人人有责。人人关心产品质量和服务质量,人人做好本职工作,全体参与质量管理,才能生产出让顾客满意的产品。

> 问题:要实现全员的质量管理,应当做好哪几个方面的工作? 参考答案请扫二维码。

实现全员的质量
管理所做的工作

（三）全企业的质量管理

全企业的质量管理可以从两个方向来加以理解。从纵向的组织管理角度来看，质量目标的实现有赖于企业的上层、中层、基层管理乃至一线员工的通力协作，其中高层管理能否全力以赴起着决定性的作用。从企业职能间的横向配合来看，要保证和提高产品质量必须使企业维持和改进质量的所有活动构成一个有效的整体。

可见，全企业的质量管理就是要"以质量为中心，领导重视、组织落实、体系完善"。

> 问题：要做好全企业的质量管理可以从哪些角度来理解？参考答案请扫二维码。

做好全企业
质量管理

（四）多方法的质量管理

影响产品质量和服务质量的因素越来越复杂：既有物质的因素，又有人为的因素；既有技术的因素，又有管理的因素；既有企业内部的因素，又有随着现代科学技术的发展，对产品质量和服务质量提出了越来越高要求的企业外部的因素。要把这一系列的因素系统地控制起来，全面管好，就必须根据不同情况，区别不同的影响因素，广泛、灵活地运用多种多样的现代化管理办法来解决当代质量问题。

目前，质量管理中广泛使用各种方法，统计方法是重要的组成部分。除此之外，还有很多非统计方法。常用的质量管理方法有老七种工具，包括排列图、因果分析图、亲和图、直方图、控制图、散布图、检查表还有新七种工具，包括关联图法、KJ法、系统图法、矩阵图法、矩阵数据分析法、PDPC法、矢线图法。除了以上方法之外，还有很多方法，尤其是一些新方法近年得到了广泛的关注，具体包括质量机能展开（QFD）、田口方法、故障模式和影响分析（FMEA）、头脑风暴法（Brainstorming）、六西格玛法、水平对比法（Benchmarking）、业务流程再造（BPR）等。本书第三章将对其中的一些方法进行介绍。

总之，为了实现质量目标，一个组织必须综合应用各种先进的管理方法和技术手段,必须善于学习和引进国内外先进企业的经验,不断改进业务流程和工作方法,不断提高组织成员的质量意识和质量技能。"多方法的质量管理"要求的是"程序科学、方法灵活、实事求是、讲求实效"。

上述"三全一多样",都是围绕着"有效地利用人力、物力、财力、信息等资源,以最经济的手段生产出顾客满意的产品"这一企业目标展开的。这是我国企业推行全面质量管理的出发点和落脚点,也是全面质量管理的基本要求。

三、全面质量管理的有关原则

20 世纪 80 年代以来,全面质量管理由早期的 TQC 演化为 TQM,成为一种综合的、全面的经营管理方式和理念,不再仅仅被看作是产品或服务的质量,而是整个组织经营管理的质量。全面质量管理已经成为组织实现战略目标的最有力武器。在此情况下,全面质量管理的理念和原则相对于 TQC 阶段而言发生了很大的变化。

ISO9000 族国际标准是各国质量管理和质量保证经验的总结,是各国质量管理专家智慧的结晶。可以说,ISO9000 族国际标准是一本很好的质量管理教科书。在 2000 版 ISO9000 标准中提出了全面质量管理八项原则,这八项原则反映了全面质量管理的基本思想。这八项原则具体如下。

(一)以顾客为关注焦点

"组织依存于顾客。因此,组织应当理解顾客当前和未来的需求,满足顾客要求(动态的要求或需求)并争取超越顾客期望。"顾客是决定企业生存和发展的最重要因素,服务于顾客并满足他们的需要,应该成为企业存在的前提和决策的基础。为了赢得顾客,组织必须首先深入了解和掌握顾客当前和未来的需求,在此基础上才能满足顾客要求并争取超越顾客期望。为了确保企业的经营以顾客为中心,企业必须始终把顾客要求放在第一位。

(二)领导作用

"领导者确立组织统一的宗旨及发展方向。他们应当创造并保持能让员工充分参与实现组织目标的内部环境。"企业领导需要将组织的宗旨、方向和内部环境统一起来,并创造环境,使员工能够主动参与,从而带领全体员工一道去实现目标。

说得具体一点就是：领导要能够站在全局的战略角度上分析问题、处理问题并做出科学决策，让自己的下属去实施；其次，还要在下属面前发挥带头作用，激发下属的工作热情；再协调组织内部的关系，鼓励全体员工，一起努力，协同合作。一个好的领导必须能够把每个组织成员的作用发挥到最大，并把整个组织的效率聚合起来发挥到最大。在质量管理方面更是如此，一个企业的高层领导如果不重视质量管理，那么这个企业必定在质量管理方面是做不好的。

（三）全员参与

"各级人员都是组织之本，只有他们的充分参与，才能使他们的才干为组织带来收益。"产品和服务的质量是企业中所有部门和人员工作质量的直接或间接的反映。因此，组织的质量管理不仅需要最高管理者的正确领导，更重要的是全员参与。只有他们充分参与，才能为组织带来最大的收益。为了激发全体员工参与的积极性，管理者应该对职工进行质量意识、职业道德、服务意识和敬业精神的教育，还要通过制度化的方式激发他们的积极性和责任感。在全员参与过程中，团队合作是一种重要的方式，特别是跨部门的团队合作。

（四）过程方法

"将活动和相关的资源作为过程进行管理，可以更高效地得到期望的结果。"质量管理理论认为：任何活动都是通过"过程"实现的。通过分析过程、控制过程和改进过程，就能将影响质量的所有活动和所有环节控制住，确保产品和服务的高质量。因此，在开展质量管理活动时，组织必须着眼于过程，要把活动和相关的资源都作为过程进行管理，才可以更高效地得到期望的结果。

（五）管理的系统方法

"将相互关联的过程作为系统加以识别、理解和管理，有助于组织提高实现目标的有效性和效率。"开展质量管理要用系统的思路。这种思路应该体现在质量管理工作的方方面面。在建立和实施质量管理体系时尤其如此。一般其系统思路和方法应该遵循以下步骤：确定顾客的需求和期望；建立组织的质量方针和目标；确定过程和职责；确定过程有效性的测量方法并用来测定现行过程的有效性；寻找改进机会，确定改进方向；实施改进；监控改进效果，评价结果；评审改进措施和确定后续措施等。这些内容也正好体现了 PDCA 循环的思想。

（六）持续改进

"持续改进总体业绩应当是组织的一个永恒目标。"持续改进是增强满足要求的能力的循环活动。它的意义在于能使企业在不断自我完善、自我修炼的过程中持续改进，增强企业可持续发展能力。质量管理的目标是顾客满意。顾客需要在不断地提高，是动态的，因此，企业必须持续改进才能持续获得顾客的支持。竞争的加剧使企业的经营处于一种"逆水行舟，不进则退"的局面，这要求企业必须不断改进才能生存。

持续改进需要管理层的支持。战略突破性改进牵涉的面较广，尤其需要管理层的支持和组织，改进需要资源的投入，需要得到管理层的支持，管理层应对改进起到引导作用，管理层主要参与改进中的决策、组织、协调等工作。持续改进需要全员积极参与。全员参与需要营造持续改进追求卓越的组织文化；全员参与需要正确的授权，使持续改进成为组织中每个成员的责任；全员参与需要有效的激励措施，包括物质方面和精神方面。要做好持续改进的方案需要基于事实（信息、数据分析）进行决策，确定改进方向和目标，制订改进方案等。可见全面质量管理的几项原则之间不是孤立的，而是互相关联的。

（七）以事实为基础进行决策

"有效决策建立在数据和信息分析的基础上。"一个企业需要首先确保数据和信息足够准确和可靠，让需要者能够得到数据/信息；然后使用正确的方法分析数据/信息；最后基于事实分析做出决策并采取措施。为了防止决策失误，决策必须以事实为基础。因此，广泛收集信息，用科学的方法处理和分析数据/信息就至关重要，不能够"凭经验，靠运气"。

（八）与供方互利的关系

"组织与供方如果是相互依存的、互利的关系有利于增强双方创造价值的能力。"在目前的经营环境中，企业与企业已经形成了"共生共荣"的企业生态系统。企业之间的合作关系不再是短期的甚至一次性的合作，而是致力于双方共同发展的长期合作关系。全面质量管理要考虑五大相关方长期的、均衡的利益。在全面质量管理中,质量这个概念和全部管理目标的实现有关,也可以说全面质量管理关注点主要有五个相关方的长期和短期的利益,他们分别是股东、顾客、供应商、社会公众及员工。如图 1-2 所示。

问题:全面质量管理有哪些基本思想和原则?请列举。参考答案请扫二维码。

全面质量管理的
基本思想和原则

四、全面质量管理的实施

根据前述全面质量管理的定义,我们也可以把 TQM 看成一种系统化、综合化的管理方法或思路,企业要实施全面质量管理,除了满足"三全一多样"的要求之外,还必须遵循一定的原则,按照一定的工作方法来运作。

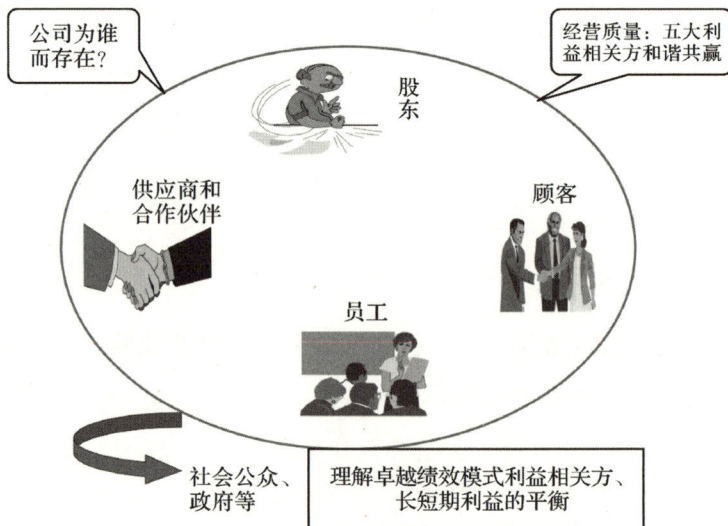

图 1-2　组织的五大利益相关方图

问题:实施全面质量管理需要按照哪些原则来运作?参考答案请扫二维码。

实施全面质量
管理的原则

在具体实施全面质量管理时，可以遵循五步法进行。这五步分别是：决策、准备、开始、扩展和综合。

为了能够做好这五个步骤，需要对整个质量管理体系进行综合。通常需要从目标、人员、关键业务流程以及评审和审核这四个方面进行整合和规划。

目标。企业需要建立各个层次的完整的目标体系，包括战略（这是实现目标的总体规划）、部门的目标、跨职能团队的目标以及个人的目标。

人员。企业应该对所有人员进行培训，并且授权他们让其进行自我控制和自我管理，同时要鼓励团队协作。

关键业务流程。企业需要明确主要的成功因素，在成功因素的基础上确定关键业务流程。通常来讲，每个企业都有几个关键业务流程，这些流程往往会涉及一个或多个部门。为了确保这些流程的顺畅运作和不断完善，应该建立团队来负责每个关键业务流程，并且还要指派负责人。对于团队运作的情况也要进行必要的测评。

评审和审核。除了对团队和流程的运作情况进行测评之外，企业还需要对于整个组织的质量管理状况进行定期的审核，从而明确企业在市场竞争中的地位，及时发现问题，寻找改进机会。在评审时通常要关注四个方面：市场地位、不良质量成本、质量管理体系和质量文化。

第三节　质量管理的发展阶段及质量管理大师的观点

一、质量管理的发展阶段

质量管理的发展历史可以分为五个阶段。

第一阶段的质量管理以质量检验把关为主，是从半成品或者产品中间挑出废品和次品。这是一种事后把关式的管理，它依靠的是检查人员的经验和责任心。

第二阶段是统计质量控制阶段。适应生产力大发展的要求，利用数理统计的原理对生产过程进行分析，及时发现异常情况，从而采取处理措施，使质量检验由事后把关发展为事前控制。

第三阶段是全面质量管理的阶段，开始叫 TQC，后来发展到 TQM。最主要特点是：抓质量不仅仅是抓生产制造的质量，更是从源头抓起，贯穿于从设计开始一直到售后服务的全过程，要动员全体员工、全体人员来参与这项活动，要以顾客为关注的中心来开展活动。因此这一阶段的全面质量管理意味着全攻全守型的阶段。

第四阶段是质量保证的阶段。质量保证就是我们所说的 QA（Quality Assurance），以军工企业为代表，它把企业一切应做的事情订立成质量手册，通过程序文件以及一系列的质量表格文件来控制，它的要求是想到的就要写到，写到的就要做到。用严密的程序手册来保证过程的进行。这一阶段一直延续到 20 世纪 80 年代后期到 90 年代。其中最典型的就是 ISO9000 族系列标准。

第五阶段被称为零缺陷的质量管理阶段，这个时期的质量管理理论以美国克劳士比的思想最具代表性。他主张：抓质量主要是抓住根本，这个根本就是人。人的素质提高了，质量才能真正取得进步。

回顾质量管理经营的五个阶段，我们可以看到，企业质量管理现在处于一个混合阶段。虽然，有的企业在申报 ISO9000 系列标准，有的已经采用了全面质量管理的办法；但是，更多企业却连检验、把关都没做到位。从这个意义上讲，很多企业的质量管理是夹生饭，是混合型的管理。这也说明，我们的工作有很多难点。质量管理的发展阶段如表 1-1 所示。它分别经历了质量检验、统计质量控制、全面质量管理（TQC）、全面质量管理（TQM）共四个阶段。

表 1-1 质量管理发展阶段图

阶段	管理对象	主要内容	管理的任务
质量检验	产品	全数检验和百分比检验	满足产品标准的要求
统计质量控制	过程	统计过程控制和抽样检验	满足过程控制的要求 符合性质量
全面质量管理 （TQC）	控制和改进产品质量的体系	质量管理	满足顾客的要求 适用性质量
全面质量管理 （TQM）	企业管理体系	质量经营	满足相关方的要求 经营质量

如表 1-1 所示，虽然第三阶段和第四阶段都统称为全面质量管理，但将它们分为 TQC 和 TQM 两个阶段还是不一样的。TQC 的全面质量管理是以组织全员参与为

基础的质量管理形式。全面质量管理代表了质量管理发展的最新阶段,起源于美国,后来在其他工业发达的国家开始推行。特别是日本,在 20 世纪 60 年代以后推行全面质量管理并取得了丰硕的成果,引起了世界各国的瞩目,TQC 的重点是满足和超越顾客的要求。20 世纪 80 年代后期以来,全面质量管理得到了进一步的扩展和深化,逐渐由早期的 TQC 演化为 TQM,其含义远远超出了一般意义上的质量管理的领域,而成为一种综合的、全面的经营管理方式和理念;TQM 的全面质量管理,是要求一个组织以产品质量为核心,以全员参与为基础,通过让顾客满意和本组织所有者及社会等相关方受益而建立起一套科学、严密、高效的质量体系,从而提供满足用户需要的产品的全部活动,最终达到长期成功的管理途径。TQM 是改善企业运营效率的一种重要方法。TQM 不仅要满足和超越顾客的要求,还要满足供应商、员工、政府及社会公众的要求。综上所述,两者既有联系又有区别。

二、质量管理大师的观点简介

问题:你认为品质与品牌之间有哪些联系? 参考答案请扫二维码。

品质与品牌
之间的联系

(一)克劳士比(Philip Crosby,1926—2001)

克劳士比被誉为"最伟大的管理思想家""零缺陷之父""世界质量先生",他一生致力于"质量管理"哲学的发展和应用。他的观点引发了全球由生产制造业扩大到工商业所有领域的质量运动。他提出了很多有关质量管理的独特观点,其中"零缺陷""符合要求"的质量定义以及"不符合要求的代价"等概念均出自克劳士比。

他提出的质量管理的四项基本原则如下。

基本原则一明确了质量的定义,就是符合要求,而不是好。"好、卓越、美丽、独特"等描述语都是主观的和含糊的。一旦质量被定义为符合要求,则其主观色彩随之消散。任何产品、服务或过程只要符合要求就是有质量的产品、服务或过程。如果不能符合要求,就会产生不符合要求的结果。

基本原则二建立了质量系统。通过预防产生质量,这要求资源的配置能保证工作正确地完成,而不是把资源浪费在问题的查找和补救上面。产生质量的系统是预防,不是检验。检验是在过程结束后把坏的从好的里面挑选出来,而预防发生在过程的设计阶段,包括沟通、计划、验证以及逐步消除出现不符合的时机。

基本原则三制定了工作标准。工作标准必须是零缺陷,而不是"差不多就好"。"差不多就好"的意思是"我们将仅仅在某些时候满足要求"。而零缺陷的工作标准则意味着我们每一次和任何时候都要满足工作过程的全部要求。它是一种符合我们所同意的要求的承诺。

基本原则四确立了质量的衡量标准。质量是用不符合要求的代价来衡量的,通过展示不符合项的货币价值,我们就能够增加对问题的认识。通过浪费的钱财、浪费的时间、努力、材料来衡量质量,它能产生用来努力引导改进并衡量改进成果的金钱数字。

(二)戴明(Deming,1900—1993)

戴明博士的贡献可分为以下三个阶段。

第一阶段初期在美国推行质量管理所做的贡献。戴明博士为美国政府服务期间,为了人口调查开发出了新的抽样法,并证明统计方法不但可应用于工业,在商业方面也有用。第二次世界大战期间,他不仅建议军事有关单位的技术者及检验人员等都必须使用统计的质量管理方法,还对相关人员进行了教育训练。他在 GE 公司开班讲授统计质量管理之后,联合其他专家,在美国各地继续开课,累计训练了包括政府机构人员在内共 31000 多人。可以说他对美国统计质量管理的基础理论建设及推广有着莫大的贡献(当时戴明博士已将统计的质量管理应用到工业以外的方面,涉及面极为广泛)。但统计学难以理解,很多人很难深入学习,因此当时戴明博士的方法在美国难以推广。

第二阶段是对日本质量管理的推广英语的贡献。戴明博士从 1950 年到日本后,长达近 40 年的时间里一直在日本指导质量管理工作。可以说日本的质量管理是由戴明博士带动起来的都不为过。戴明博士在日本虽然也教统计方法,但他吸取了在美国推行失利的经验,改向企业的经营者灌输品质经营的理念及重要性。日本企业的早期经营者几乎都见过戴明博士甚至受教于他。他们实践着戴明博士的品质经营理念,从而奠定了日本质量管理的基础。戴明博士在辅导日本企业质量管理时曾经预言,日本产品在 5 年内必将雄霸世界市场,结果不出其所料。日本企业产品质量的提高与戴明博士的贡献密不可分。难怪日本企业界对戴明博士怀有最崇高的敬意,称其为日本质量管理之父。

第三阶段是再次对美国质量管理的贡献。戴明博士在日本取得了巨大的成功之后,其理念在美国依然无人问津。直到 1980 年,电视制作人梅森女士制作了纪录片《日本行,为什么我们不行?》,该纪录片由美国广播公司在全美播出。这部纪录片赞扬了日本的制造业,主角虽不是戴明,但戴明又回到了美国,这次他受到了众多知名企业的邀请,包括福特、通用、摩托罗拉等著名公司。它们开始引入戴明的质量管理思想和方法,开始了长期的生产品质改善和管理体制变革。如:摩托罗拉公司开展的长达 10 年的"全面质量管理运动",通用电器采用的六西格玛质量管理方法等。

(三)约瑟夫·朱兰(Joseph M. Juran, 1904—2008)

朱兰博士所倡导的质量管理理念和方法始终影响着世界以及世界质量管理的发展。他的质量计划、质量控制和质量改进被称为"朱兰三部曲"。他最早把帕累托原理(Pareto Principle)引入质量管理。《管理突破》和《质量计划》这两本书是他的经典之作。由朱兰博士主编的《质量控制手册》被称为当今世界质量控制科学的名著。他为奠定全面质量管理(TQM)的理论基础和基本方法做出了卓越的贡献。

> 问题:朱兰博士提出的"突破历程"各有哪些内容? 参考答案请扫二维码。
>
> 问题:你认为在质量管理过程中,质量体系和质量管理组织能发挥哪些作用? 参考答案请扫二维码。

朱兰的"突破历程"

质量体系和质量管理组织发挥的作用

(四)石川馨(Ishikawa Kaoru, 1915—1989)

石川馨的名字是与戴明和朱兰访日后在 1955—1960 年间发起的"全面质量控制"的运动联系在一起的。在此运动下,日本从高层管理人员到底层员工都形成了质量控制的共识。质量控制的概念和方法可用于解决生产过程中出现的问题;用于进料控制和新产品

设计控制;用于分析、帮助高层管理人员制定和贯彻政策;用于解决销售、人员、劳动力管理和行政部门问题。石川馨是 20 世纪 60 年代初期日本"质量圈"运动最著名的倡导者。

他的主要代表作品有《质量管理入门》(1954)、《日本的质量管理》(1981)等。他主张全公司型质量管理。他给质量管理下的定义是:开发、设计、生产、提供最经济、最有用、买方愿意满意地购买的优质产品。为达到这一目的,以经营者为首,公司内所有部门、全体职员都必须参与制订质量管理计划,推进全面质量管理。作为一个企业要提供符合消费者要求的质量,必须掌握以下三个步骤:第一是要掌握真正的质量特性;第二是在此基础上确定测定方法、试验方法;第三是寻找代用特性,准确掌握真正的质量特性与代用特性的关系。

问题:日本质量管理有哪些特点? 参考答案请扫二维码。

日本质量管理
的特点

石川馨主张通过对因素(原因)组合的工序进行管理来获得好的产品和结果,他提出的因果图不仅能分析因素或原因独立作用时的影响,还能用于建立各种因素或原因之间相互作用时的内在联系。使用该图可以帮助管理者分析在他们所负责的生产过程中存在的问题,从而找到解决问题的方法,取得生产和管理的成功。

问题:简述管理循环步骤。参考答案请扫二维码。

管理循环步骤

第二章　质量管理体系介绍

【**学习目标**】通过学习本课程，你将能够：

(1)掌握现代质量管理体系的理念和基础理论知识；

(2)掌握卓越绩效模式的基本理念，提高分析问题、解决问题能力；

(3)掌握卓越绩效管理模式的主要工具和方法，成为你解决质量管理问题的利器。

【**授课时间**】6学时。

【**培训特色**】众所周知，卓越绩效模式来自美国，借鉴了日本戴明奖的评价准则和评审方法，课题组成员均从事全国质量奖及各级政府质量奖评审，积累了丰富的实践经验。

本章主要介绍宏观的质量管理理论，也就是从"大质量"的角度，论述卓越绩效模式(GB/T19580)。提升质量，是一个综合的概念，它不仅仅需要提高产品本身或服务本身的质量，还需要从市场调查、产品设计、生产运营、市场销售及售后服务等多个环节提高质量水平。

第一节　卓越绩效模式介绍

一、卓越绩效模式简介

"卓越绩效模式"是20世纪80年代后期美国创建的一种成功的管理模式，其核心是强化组织的顾客满意度，追求卓越的经营绩效。如图2-1所示，卓越绩效由7个模块、1000分组成。

"卓越绩效模式"得到了美国企业界和管理界的认可，随后，世界各国企业和组

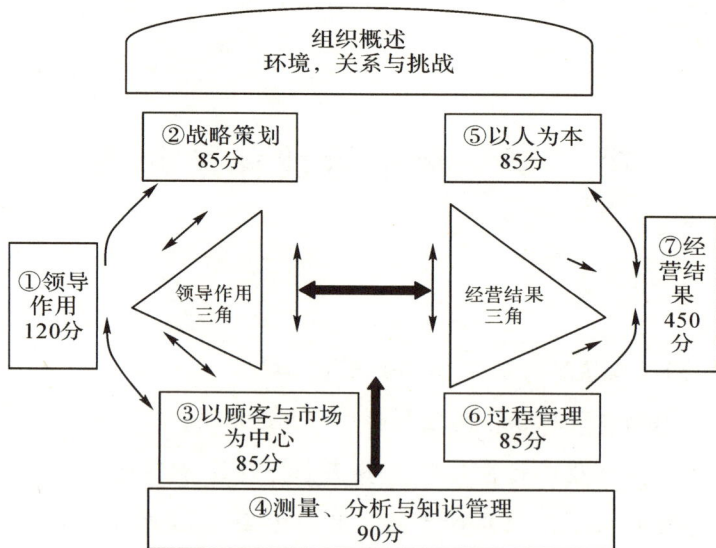

图 2-1　卓越绩效模式图

织纷纷引入该模式,其中施乐公司、通用公司、微软公司、摩托罗拉公司等世界级企业运用卓越绩效模式后都取得了出色的经营结果。根据美国当代著名学者的阿尔伯特·林克教授(Albert Link)和达特茅斯学院的约翰·斯哥特教授(John Scott)的一项最新研究成果:美国波多里奇国家质量奖每年可带来相关的收益约为240.65亿美元,收益与成本比率保守估计为 207∶1。2001 年起,中国质量协会在研究借鉴卓越绩效模式的基础上,启动了全国质量管理奖评审,致力于普及推广卓越绩效模式的先进理念和经营方法,为中国企业不断提高竞争力取得出色的经营绩效提供多方面服务。

思考题 | 质量的定义是什么?

质量的定义

朱兰认为,卓越绩效模式的本质是对全面质量管理的标准化、规范化和具体化。

中国加入 WTO 以后,国内企业面临全新的市场竞争环境。如何进一步提高企业质量管理水平,从而在激烈的市场竞争中取胜,这是摆在广大已获得 ISO9000 质量体系认证的企业面前的现实问题。卓越绩效模式是世界级成功企业公认的提升企业竞争力的有效方法，也是我国企业在新形势下经营管理的努力方向。

卓越绩效管理模式的主要关注点，也就是五大相关方，分别是股东、顾客、员工、供应商、社会公众及政府等。一个追求成功的企业，需要长期、均衡地考虑和平衡五大相关方的利益。一时的成功不能说明该企业是卓越的企业。在企业的经营过程中，不能过分地偏袒单一方面的利益，要从全方位、多角度考虑相关方的利益。它可以从管理体系的建立、运行中取得绩效，并持续改进其业绩、取得成功。

> **思考题** 长期、均衡地考虑五大相关方的利益是指什么？
> 企业该如何去做？

五大相关方利
益与企业责任

企业作为一个经营组织，其运营体系是由围绕组织的业务流程所设立的各管理职能模块组成的，而企业是否能够永续经营，取决于组织能否做正确的事。在图 2-1 中，以领导作用、战略策划、以顾客与市场为中心组成了"领导三要素"，以以人为本、过程管理、经营结果组成了"结果三要素"。其中"领导三要素"强调高层领导应该如何积极发挥作用。高层领导在组织所处的特定环境中，通过科学的方法制订以顾客与市场为中心的战略发展方向和目标，为组织谋划长远未来，带领组织取得持续的成功。它关注的是组织如何做正确的事。而"结果三要素"则强调要充分调动组织中人的积极性和能动性，通过组织中的每一个人在各个业务流程中发挥积极作用，并通过过程管理的规范，高效地实现组织所追求的经营结果，也就是组织的各项战略目标。它关注的是组织如何正确地做事。可见，"领导三要素"解决的是效率和效果的问题。卓越绩效模式中的领导、战略、顾客与市场类似于自行车的前轮，起到驱动的作用；人、过程管理和经营结果是后轮，起到助推的作用；而测量分析与改进是链条，涉及公司层、部门层、个人层的战略绩效指标及过程运行指标的测量、分析与改进等工作，起到连接带动的作用。

二、卓越绩效模式的主要特征

近年来，全面质量管理发生了一个重要的变化，这个重要变化来自"质量"概念的更新："质量"不再只是表示狭义的产品和服务的质量，而且也不再仅仅包含工作质量,"质量"已经成为"追求卓越的经营质量"的代名词。"质量"将以追求"组织的效率最大化和顾客的价值最大化"为目标,作为组织一种系统运营的"全面质量"。卓越绩效模式是全面质量管理发展的结果,其标准命名为"卓越绩效评价准则"。卓越绩效模式主要体现了以下四个特征。

> **思考题** 卓越绩效模式借鉴了哪些国家、哪些企业的管理经验?
>
> 借鉴经验

(一)以顾客为中心,关注综合利益的平衡

把以顾客与市场为中心作为组织质量管理的第一原则,"组织卓越绩效"把顾客满意和顾客忠诚即顾客感知价值作为关注焦点,则反映了当今全球化市场的必然要求。卓越绩效模式所追求的结果,不仅局限于财务结果,还包括了产品和服务、顾客与市场、财务、资源、过程有效性以及领导方面的结果,是全面的、综合的结果,确保利益相关方的平衡和组织长短期利益的平衡,以保证组织的协调可持续发展。

(二)系统思考和系统整合,体现"大质量"的概念

组织的经营管理过程就是创造顾客价值的过程。为达到更高的顾客价值,就需要系统、协调一致的经营过程。卓越绩效模式体现的质量的概念不仅包括产品和服务质量,还包括过程质量和经营质量,体现了"大质量"的概念。它致力于不断提高经营管理的成熟度,追求卓越的经营质量。它关注经营结果,强调为相关方创造平衡的价值。

(三)强调组织文化,以文化指引战略管理

无论是追求组织卓越绩效、确立以顾客为中心的经营宗旨,还是系统思考和整合,都涉及企业经营的价值观。所以,必须首先建设符合组织愿景和经营理念的组织文化。组织文化体现在企业管理的方方面面,比如企业文化中的核心内容是企业使命、企业愿景、企业核心价值观,它们都在指引企业管理中的战略、顾客与市场、绩效管理等方面的发展。战略是长远规划,包括使命、愿景和目标。使命是公司存在的理由,主要用于外部沟通,表述给外部公众看,表明公司为什么存在。愿

景主要用于内部沟通,针对内部员工,表明公司的终极追求,主要起激励员工的作用。核心价值观是实现使命,完成战略目标和愿景的一种行为准则。例如你想让家人过上幸福富足的生活,这就是你的使命;你希望他们居住在一个环境幽雅、生活方便的环境中,这就是愿景。为达成以上目的,你希望 5 年内购买一座位于某城市黄金地段的住宅,这就是战略目标。

（四）坚持可持续发展，体现持续改进

在制定战略时要把可持续发展的要求和相关因素作为关键因素加以考虑,必须在长短期目标和方向中加以实施,通过长短期目标绩效的评审对实施可持续发展的相关因素的结果加以确认,并为此提供相应的资源保证。准则中体现了基于行动的学习循环,它是经由过程与结果间的反馈而发生的。这一学习循环具有四个明确的阶段:①进行计划,包括过程的设计、测量指标的选择和要求的展开;②执行计划方案;③考察内、外部结果,评价进展,获取新的知识;④根据评价结果、学习、新的输入和新的要求修改计划。

三、核心价值

卓越绩效模式建立在一组相互关联的核心价值观和原则的基础上。核心价值观共有 11 条。分别是:追求卓越管理,顾客导向的卓越,组织和个人的学习,重视员工和合作伙伴,快速反应和灵活性,关注未来,促进创新的管理,基于事实的管理,社会责任与公民义务,关注结果和创造价值,系统的观点。一个优秀的企业应该在不同程度上体现了这 11 条核心价值观的思想。这些核心价值观都反映了当前国际上最先进的经营管理理念和方法,也是许多世界级成功企业的经验总结,它贯穿于卓越绩效模式的各项要求之中,应该成为企业全体员工,尤其是企业高层经营管理人员的理念和行为准则。

（一）积极发挥高层领导的作用，追求卓越管理

领导力是一个组织成功的关键。组织的高层领导应确定组织正确的发展方向和以顾客为中心的企业文化,并提出有挑战性的目标。组织的方向、价值观和目标应体现其利益相关方的需求,用于指导组织所有的活动和决策。高层领导应确保建立组织追求卓越的战略、管理系统、方法和激励机制,激励员工勇于奉献、成长、学习和创新。

第一,制定企业的发展方向。高层领导应该以科学、合理、有效的方式制定符合企业需求的发展方向,并由领导将这些使命、愿景与价值观的内容向企业所有相关方进行解读和宣贯,得到各方的一致认同并督促各方携手合作,协调发展。卓越绩效模式强调的使命、愿景与价值观是通过企业历史沿革总结、行业特点调研与内外部环境分析等手段制定出来的。企业在未来的经营管理上应通过坚持何种原则与宗旨(价值观),坚持为社会和顾客提供何种价值(使命),进而最终达成终极目标(愿景),这些都是需要领导仔细思考制定的。

高层领导应通过治理机构对组织的道德行为、绩效和所有利益相关方负责,并做出表率,有力地强化组织的文化、价值观和目标意识,带领全体员工实现组织的目标。目前,国内较多企业存在使命、愿景与价值观制定过程混乱、内容不全面、解读不细致、领导作用不强等问题,这导致员工对企业忠诚度不高,敬业度不高。

第二,高层领导需要通过双向沟通,贯彻并落实企业的发展方向。强化高层领导在企业内外部推广双向沟通,保证企业发展方向可以被所有相关方理解认同。双向沟通的目的在于使全体员工及其他相关方对组织的发展方向和重点有清晰、一致的理解、认同并付诸行动,在组织内部达成上下同心的效果,在组织外部促进协同发展。组织可通过高层领导演讲、座谈会、网站、报刊及文化体育活动等多种形式与员工双向沟通;通过洽谈会、研讨会、外部网站等形式与相关方双向沟通。组织应围绕其发展方向和重点,建立物质激励和精神激励相结合的绩效激励制度。

高层领导必须作为引导这一双向沟通的核心力量,在企业内部持续广泛地推动发展方向的宣传和落实。需要注意的是,在这里面使用的是双向沟通方式,不是单一方向的传达,而是相互的沟通与交流。一般规模企业内部的层级和部门较多,高层领导到基层员工之间的信息传递节点和环节较多,信息的传递若是没有反馈与评价,是无法直接检测沟通效果的,甚至会出现"以讹传讹"等信息混乱现象。

第三,营造与使命、愿景、价值观相协调的企业文化内涵和氛围。营造环境指营造一个包括诚信守法、改进、创新、快速反应和学习等要点的组织文化环境。高层领导应通过组织文化建设,积极倡导诚信守法,鼓励员工开展多种形式的改进和创新活动,提高快速反应能力,培育学习型组织和员工。文化氛围的形成不能是少数人或部分层级员工的事情或责任,而是全员都应具有的意识和责任,需要有意识地培养和培训。在实际的操作中还应该注意,各层级、部门和单位的文化氛围可以有各自的特点,但是首先要保证是协调一致或融合互补的,并保证都要与使命、愿景、价值观相一致。

第四,积极开展企业品牌的建设、维护和推广。高层领导需要制订与组织经营发展的战略目标一致的品牌发展规划,通过提高组织的产品质量和服务水平,推进组织的品牌建设,不断提高组织的品牌知名度、品牌美誉度、品牌形象和品牌忠诚度。品牌是企业象征,也是企业的使命、愿景、价值观的外在体现,是竞争能力的重要指标,是顾客和合作伙伴了解企业的第一步,也是维系关系的重要考虑。因此,必须由企业高层领导根据使命、愿景、价值观制定品牌形象和内涵,并坚持把品牌建设作为企业各项经营管理过程的核心环节,坚持在日常工作中不断地监控各个经营管理过程中对品牌的影响,并主抓品牌建设和相关的应急事件的处理。

品牌建设与规划是与战略和战略目标紧密联系的,品牌是企业向其内外部所有相关方,表达企业使命、愿景、价值观,表达产品与服务内容特性的直观媒介。因此,品牌的建设和规划应该在领导的带领、督促执行下进行,并作为领导的核心工作之一。品牌的建设应该与战略、组织、资源、产品与服务等关键过程(卓越绩效中的过程,特指企业的经营管理事项或活动,而不是仅仅指代某个特定的流程)紧密关联,并保证品牌规划与战略规划、资源获取与配置方案、产品与服务计划等保持相互协调一致,融合互补。品牌规划和建设涉及企业经营管理的各个环节和过程,企业的各个运营过程、各层级部门和各级员工首先需要在这一点上统一思想,确保各个环节有相互协调一致的制度流程,并且在行动上保持统一实现融合互补。因此,高层领导需要主导品牌规划、确保战略规划可以实现品牌规划,并且监督战略举措和督促品牌建设的贯彻和落实。

最后,高层领导应当肩负起安全质量主体责任。"履行确保组织所提供产品和服务的质量安全的职责,引导组织承担质量安全主体责任"是作为领导在质量与安全的保证和监督过程中所承担的责任和扮演的角色。企业出现安全和质量问题的显性和隐性原因可能出现于企业各个经营过程中;因此,保证企业的核心关键产品与服务的质量安全需要各个过程相互协调一致,在统一的保证机制和质量安全原则下进行。为实现这一效果,领导需要承担主要的监督与考核任务。

(二)顾客导向的卓越

组织要树立顾客导向的经营理念,认识到质量和绩效是由组织的顾客来评价和决定的。组织必须考虑产品和服务如何为顾客创造价值,实现顾客满意,获得顾客忠诚,并由此提高组织绩效的目标。

组织既要关注现有顾客的需求,还要预测未来顾客期望和潜在顾客。

在实际操作中,企业首先要全力以赴地满足顾客的基本型需求,保证顾客提出的问题得到认真的解决,重视顾客认为企业有义务做到的事情,尽量为顾客提供方便,以实现顾客最基本的需求满足。然后,企业应尽力去满足顾客的期望型需求,这是质量的竞争性因素。提供顾客喜爱的额外服务或产品功能,使其产品和服务优于竞争对手并有所不同,引导顾客加强对本企业的良好印象,使顾客满意。最后,争取实现顾客的兴奋型需求,为企业建立最忠实的客户群。

顾客导向的卓越要体现在组织运作的全过程,因为过程中的很多因素都会影响到顾客感知的价值和满意,包括组织要与顾客建立良好的关系,以增强顾客对组织的信任、信心和忠诚。那么,在经营过程中以顾客为导向具体体现在哪些方面呢?主要有以下三个方面。第一,在预防缺陷和差错产生的同时,要重视并快速、热情、有效地解决顾客的投诉和抱怨,留住顾客并进行改进;第二,在满足顾客基本要求的基础上,要努力掌握新技术和竞争对手的发展,为顾客提供个性化和差异化的产品和服务;第三,对顾客需求变化和满意度保持敏感性,做出快速、灵活的反应。

本教材的后续部分会讲到 Kano 模型(该模型来自日本东京理工大学教授狩野纪昭,日文名为 Kano Noriaki)这种工具。利用 Kano 模型可以对顾客关系管理工具的功能属性归属进行更科学的讨论。Kano 模型很好地贴合了业务的需求,从具备程度和满意程度这两个维度出发,将顾客关系管理工具中的功能进行细致有效的区分和排序,帮助我们了解哪些功能是一定要有,否则会直接影响用户体验的(必备属性、期望属性);哪些功能是没有时不会造成负向影响,拥有时会给用户带来惊喜的(魅力属性);哪些功能是可有可无,具备与否对用户都不会有大影响的(无差异因素),还有是反向型需求(又称逆向型需求,指引起强烈不满的质量特性和导致低水平满意的质量特性，因为并非所有的消费者都有相似的喜好。许多用户根本没有此需求，提供后用户满意度反而会下降，而且提供的程度与用户满意程度成反比。例如，一些顾客喜欢高科技产品而另一些人更喜欢普通产品，过多的额外功能会引起顾客不满）。

（三）组织和个人的学习

要应对环境的变化，实现卓越的经营绩效水平，必须提高组织和个人的学习能力。组织的学习是组织针对环境变化的一种持续改进和适应的能力，通过引入新的目标和做法带来系统的改进。学习必须成为组织日常工作的一部分，通过员工的创新、产品的研究与开发、顾客的意见、最佳实践分享和标杆学习以实现产品、服务的改进，开发新的商机，提高组织的效率，降低质量成本，更好地履行社会责任和公民义务。企业实践卓越绩效模式是组织适应当前变革形势的一个重要学习过程。

个人的学习是通过新知识和能力的获得，能够引起员工认知和行为的改变。个人的学习可以提高员工的素质和能力，为员工的发展带来新的机会，同时使组织获得优秀的员工队伍。要注重学习的有效性和方法，学习不限于课堂培训，还可以通过知识分享、标杆学习和在岗学习等多种形式，提高员工的满意度和创新能力，从而增强组织的市场应变能力和绩效优势。

学习是心灵的正向转换，企业如果能够顺利导入学习型组织，不仅能够达成更高的组织绩效，更能够带动组织的生命力。学习型组织是组织学习的一种典型的模式，它最初的构想源于美国麻省理工学院福雷斯特（James Forrest）教授。他提出学习型组织的五项修炼，一是建立愿景（Building Shared Vision）：愿景可以凝聚公司上下的意志力，大家努力与学习型组织的方向一致，个人乐于奉献，为组织目标奋斗。二是团队学习（Team Learning）：团队智慧应大于个人智慧的平均值，以做出正确的组织决策，通过集体思考和分析，找出个人弱点，强化团队向心力。三是改变心智（Improve Mental Models）：组织的障碍，多来自个人的旧思维，例如固执己见、本位主义，唯有透过团队学习，以及标杆学习，才能改变心智模式，有所创新。四是自我超越（Personal Mastery）：个人有意愿投入工作，专精工作技巧，个人与愿景之间有种"创造性的张力"，正是自我超越的来源。五是系统思考（System

Thinking）：应通过资讯收集，掌握事件的全貌，以避免见树不见林，培养综观全局的思考能力，看清楚问题的本质，有助于清楚了解因果关系。

（四）重视员工和合作伙伴

组织与外部的顾客、供应商、分销商和协会等机构之间建立战略性的合作伙伴关系，将有利于组织进入新的市场领域，或者开发新的产品和服务，增强组织与合作伙伴各自具有的核心竞争力和市场领先能力。组织的成功取决于全体员工及合作伙伴不断增长的知识、技能、创造力和工作动机。企业要让顾客满意，首先要让创造商品和提供服务的企业员工满意。重视员工意味着确保员工的满意、发展和权益。为此，组织应关注员工工作和生活的需要，创造公平竞争的环境，对优秀者给予奖励；为员工提供学习和交流的机会，促进员工发展与进步；营造一个鼓励员工承担风险和创新的环境。因此，企业要想建立与外部良好的合作关系，应着眼于共同的长远目标，加强沟通，形成优势互补，互相为对方创造价值。

（五）快速反应和灵活性

电子商务的出现，使市场上的"大鱼吃小鱼"变成了"快鱼吃慢鱼"，要在全球化的竞争市场上取得成功，组织要有应对快速变化的能力和灵活性，以满足全球顾客快速变化的个性化需求。因此，企业各方面的时间指标已变得越来越重要，开发周期和生产、服务周期已成为关键的过程测量指标，时间的改进必将推动组织的质量、成本和效率方面的改进。为了实现快速反应，组织要不断缩短新产品和服务的开发周期、生产周期，以及现有产品、服务的改进速度。为此需要简化工作部门和程序，采用具备快速转换能力的柔性生产线；需要培养掌握多种能力的员工，以便胜任工作岗位和满足任务变化的需要。

> **思考题** 在机会面前，你认为中国的企业是不是太灵活了？那为什么有那么多的企业会倒闭？

参考答案 1

（六）关注未来

在复杂多变的竞争环境下，组织不能满足于眼前绩效水平，要有战略性思维，关注组织未来持续稳定发展，让组织的利益相关方——顾客、员工、供应商和合作伙伴及股东、公众对组织建立长期信心。

组织的可持续发展需要实施有效的继续计划,创造新的机会。因此,组织应制定长期发展战略和目标,分析、预测影响组织发展的诸多因素,例如顾客的期望、新的商机和合作机会、员工的发展和聘用、新的顾客和市场细化、技术的发展和法规的变化、社区和社会的期望、竞争对手的战略等,战略目标和资源配置需要适应这些影响因素的变化。而且战略要通过长期规划和短期计划进行部署,保证战略目标的实现。组织的战略也要与员工和供应商沟通,使员工和供应商与组织同步发展。

> **思考题** 你认为中国的企业关注未来还是眼前的多？为什么？

参考答案 2

（七）促进创新的管理

要在激烈的竞争中取胜,只有通过创新才能形成组织的竞争优势。创新意味着组织对产品、服务和过程进行有意义的改变,为组织的利益相关方创造新的价值,把组织的绩效提升到一个新的水平。创新不应仅仅局限于产品和技术的创新,创新对于组织经营的各个方面和所有过程都是非常重要的。组织应对创新进行引导,使创新成为学习的一部分,使之融入组织的各项工作中,进行观念、机构、机制、流程和市场等管理方面的创新。

组织应对创新进行管理,使创新活动持续、有效地开展。首先需要高层领导积极推动和参与革新活动,有一套针对改进和创新活动的激励制度;其次要有效利用组织和员工积累的知识进行创新,而且要营造勇于承担风险的企业文化,创造更多创新的机会。

> **思考题** 创新是指什么？中国企业的创新力度怎么样？以电子产品手机为例展开说明。

参考答案 3

（八）基于事实的管理

基于事实的管理是一种科学的态度,是指组织的管理必须依据对其绩效的测量和分析。测量什么取决于组织的战略和经营的需要，通过测量获得关键过程、输出和组织绩效的重要数据与信息。绩效的测量可包括顾客满意程度、产品和服务的质量、运行的有效性、财务和市场结果、人力资源绩效和社会责任结果。

通过对测量得到的数据和信息进行分析，我们可以发现其中变化的趋势，找出重点的问题，识别其中的因果关系，有利于组织进行绩效的评价、决策、改进和管理，而且还可以将组织的绩效水平与其竞争对手或标杆的"最佳实践"进行比较，识别自己的优势和弱项，促进组织的持续改进。

（九）社会责任与公民义务

组织应注重对社会所负有的责任、道德规范，并履行好公民义务。领导应成为组织表率。履行公民义务是指组织在资源许可的条件下，对社区公益事业的支持。公益事业包括改善社区内的教育和保健、美化环境、保护资源、提升社区服务、改善商业道德和分享非专利性信息等。组织不应仅满足于达到国家和地方法律法规的要求，还应寻求改进的机会。在组织的经营过程中，以及在组织提供的产品和服务的生命周期内，组织要恪守商业道德，保护公众健康，提供安全的环境，注重保护资源。组织对于社会责任的管理应采用适当的绩效测量指标，并明确领导的责任。组织应严格遵守道德规范，建立组织内外部有效的监管体系。要有发生问题时的应对方案，能做出准确、快速的反应，保护公众安全，提供所需的信息与支持。

（十）关注结果和创造价值

组织的绩效评价应体现结果导向，关注关键的结果，主要包括顾客满意程度、产品和服务、财务和市场、人力资源、组织效率、社会责任等六个方面。这些结果能为组织关键的利益相关方——顾客、员工、股东、供应商和合作伙伴、公众及社会创造价值和平衡其相互间的利益。为主要的利益相关方创造价值，将培育忠诚的顾客，实现组织绩效的增长。组织的绩效测量是为了确保其计划与行动能满足实现组织目标的需要，并为组织长短期利益的平衡、绩效的过程监控和绩效改进提供了一种有效的手段。

（十一）系统的观点

卓越绩效模式强调以系统的观点来管理整个组织及其关键过程，实现组织的卓越绩效。卓越绩效模式七个方面的要求和核心价值观构成了一个系统的框架和协调机制,强调了组织的整体性、一致性和协调性。"整体性"是指把组织看成一个整体,组织整体有共同的战略目标和行动计划;"一致性"是指卓越绩效标准各条款要求之间,具有计划、实施、测量和改进(PDCA)的一致性关系;"协调性"是指组织运作管理体系的各部门、各环节和各要素之间是相互协调的。

> **思考题** 系统的观点是指什么?举例说明。

系统的观点

系统的观点体现了组织所有活动都是以市场与顾客需求为出发点,最终达到顾客满意的目的;各个条款的目的都是以顾客满意为核心,它们之间是以绩效测量指标为纽带,各项活动均依据战略目标的要求,按照 PDCA 循环展开,进行系统的管理。

理解这 11 条核心价值观,是为了更好地实践、应用卓越绩效模式,在应用中为企业持续发展创造价值。知易行难,我们在实践卓越绩效模式的过程中要付出艰辛的努力,以适应环境的变化,实现观念变革和管理的创新。

第二节 卓越绩效模式与政府质量奖

一、卓越绩效评价准则及其应用

20 世纪 80 年代以后,随着全球经济一体化的迅速发展,许多国家为了提升本国企业的国际竞争力,通过设立国家质量奖推进企业实施全面质量管理战略,来改善企业的经营成果,使之成为卓越企业,以迎接来自世界各地的产品及服务质量的挑战。其中,最具影响力的是美国波多里奇国家质量奖。波多里奇国家质量奖标准因其系统的理论框架、全面的评价要求、科学的评价体系而被许多国家采用,成为事实意义上的国际标准,被称为卓越绩效模式。卓越绩效模式是当今企业界和管理界公认的一种成功管理模式,正日益成为世界性的标准被推广和普及。据初步统计,世界上有 50 多个国家和地区采用卓越绩效模式作为本地质量奖的评审标准,同时有更多的组织使用这一标准来进行自我评价,寻找改进机会,通过持续改进,实现卓越绩效。它可以鼓励和引导组织在全面协调可持续发展进程中,提高质量竞争力,实现从优秀到卓越的奋斗目标。在实施卓越绩效管理模式中,要构建先进的组织文化体系,科学的战略管理体系,以人为本的员工管理体系,先进的过程管理体系。

中国的质量管理工作在近 30 年的时间里取得了长足的发展,1978 年我国开展了第一个全国质量月,20 世纪 80 年代引进了全面质量管理理念和方法,90 年代开展了质量管理体系的贯标和认证。中国质量协会于 2001 年成功启动了全国质量管理奖的评审工作,在全国范围内引入了卓越绩效管理模式。为了引导各类组织追求卓越绩效,提高产品、服务和经营质量,增强市场竞争优势,促进经济持续快速健康发展,根据《中华人民共和国产品质量法》和国务院颁布的《质量振兴纲要》的有关规定,2004 年 8 月中国质量技术监督检验检疫总局颁布了 GB/T19580— 2004《卓越绩效评价准则》及 GB/T19579—2004《卓越绩效评价准则实施指南》,正式以国家标准的形式在全国各类组织中推行卓越绩效模式,它标志着我国质量管理进入了新阶段。2012 年再度修订和公布该标准。引进、学习和实践国际上公认的经营质量标准——"卓越绩效模式",这对于适应我国市场经济体制和经济全球化快速发展的新形势,实现中国从"制造大国"向"制造强国"的伟大中国梦,具有重要的意义。

《卓越绩效评价准则》参考了最具影响力和代表性的美国波多里奇国家质量奖评价条款,结合中国质量管理的实际情况,从组织领导、战略、顾客与市场、资源、过程管理、测量、分析与改进及经营效果等七个方面规定了组织卓越绩效评价要求,为国家质量奖的评价和企业提高质量水平,实现卓越绩效进行自我学习、自我评价提供了依据。

《卓越绩效评价准则》核心的内容主要还是从质量管理的领域来实现组织的卓越管理,与 ISO9000 质量管理体系同属于质量领域的管理标准,都是为了帮助企业或组织提高质量管理水平,增强企业或组织的竞争能力。但 ISO9000 质量管理体系与《卓越绩效评价准则》仍然存在诸多不同,ISO9000 质量管理体系属于"符合性评价"标准,好比一个学生的学习成绩,虽然及格了,但无法知道自己到底得了多少分,与最好成绩的差距有多大,自己的不足在哪里,改进方向如何,等等,只是仅仅知道自己已经及格了而已;而《卓越绩效评价准则》则属于质量管理体系是否卓越的成熟度评价标准,它不仅对员工考评结果进行统计,还对考评结果进行原因分析,找出差距,寻找改进方法,它将所关注的质量管理上升为经营管理的大范畴。从管理的效率与效果着手,旨在发现企业或组织当前最迫切、最需要改进的地方,进而使企业或组织不断追求卓越。

《卓越绩效评价准则》在应用当中仍然存在许多的争议和分歧。由于国情不同,企业本身文化不同,问题也各有不同,而这些问题绝不是一个管理方法的简单套入就能解决的,一味地照搬、照抄国外的经验是不可取的。即使是同在国内的企业,企业或机构的规模、发展阶段不同,问题也会不同。成功的管理没有模式,只有方法,如今绩效管理的方法很多,每种方法各有特长和优点,也必然存在弱点和缺点。只有正确运用,因地制宜才能取得成功。

与绩效管理相关联的就是绩效考核,绩效考核的作用通常是作为标尺,衡量大家的业绩,从而进行绩效奖惩。绩效考核涉及考评者的能力、观念、喜好等多个方面,每个人都很难完全抛开个人感情因素,真正做到公平、公正。管理者作为组织的掌控者,如何根据实际情况建立一个短期和长期的激励机制,调整计划或策略,加强沟通和协调,以提高员工的积极性,以便创造出真正的卓越绩效,这才是关键。

一个企业或组织,想要在瞬息万变的国际大环境中站稳脚跟,持续发展,推行卓越绩效评价和卓越管理是势在必行的,很多大的知名的企业在运用卓越绩效评价和卓越管理方面给我们提供了宝贵的经验。但每个组织的情况各不相同,所以,应该结合本单位的实际,制订相应的评价方法,达到组织发展的目标。

思考题：现场评审有哪些注意事项？

现场评审
注意事项

鉴于这样的大背景,中国各级政府都陆续开展了政府质量奖的评选工作,其中,浙江省政府于 2009 年建立了政府质量奖励制度,2010 年开展了首届省政府质量奖评选工作。截至目前,省政府质量奖已开展 6 次评选工作,共评选出 25 家获奖企业(其中中小企业 5 家),19家企业获得提名奖,有 2 个团队获得了"贡献奖"。获奖企业行业分布:制造业 24家,建筑业 1 家。获奖企业区域分布:杭州 8 家,宁波 2 家,温州 4 家,湖州 2 家,嘉兴 1 家,绍兴 5 家,金华 2 家,丽水 1 家。

在浙江省政府建立质量奖励制度的带动下，全省各级政府纷纷建立了质量奖励制度，目前全省 11 个设区市和 89 个县（市、区）均已设立政府质量奖，实现了省、市、县三级全覆盖，走在全国前列。截至 2018 年底，全省各级政府质量奖获奖单位共 2371 家次，其中市级 433 家次、县级 1876 家次。

目前中国存在两大质量奖，一个是由中国质量协会主办的全国质量奖，另外一个是由国家质检总局主办的中国质量奖。全国质量奖设立于 2001 年，是对实施卓越的质量管理，并在质量、经济、社会效益等方面取得显著成绩的组织授予的在质量方面的最高荣誉。2010 年初，经党中央、国务院同意，全国质量奖继续由中国质量协会负责承办。自 2012 年起，全国质量奖中设置"卓越项目奖"，以表彰运用卓越绩效模式在质量管理、技术创新等方面取得突出成效的重点工程和项目。如今，全国质量奖已经成为与日本戴明奖、美国波多里奇国家质量奖、欧洲 EFQM 卓越奖齐名的国家级、全国性质的奖项。

中国质量奖是中国质量领域的最高荣誉，设置中国质量奖和中国质量奖提名奖，每两年评选一次，旨在表彰在质量管理模式、管理方法和管理制度领域取得重大创新成就的组织和为推进质量管理理论、方法和措施创新做出突出贡献的个人。

二、我国两大质量奖与世界三大质量奖的差异分析

全国质量奖和中国质量奖是我国的两大质量奖。虽然它们的设立都借鉴了日本戴明质量奖、美国波多里奇国家质量奖和欧洲质量奖，特别是全国质量奖更多借鉴了美国波多里奇国家质量奖标准；但是由于我国所处的社会情况，两大质量奖项的设立都具有鲜明的中国特色，这就造成我国两大质量奖和世界三大质量奖在其奖项设置、评奖目的、评审标准等方面都存在差异，具体如表 2-1 所示。

表 2-1　我国两大质量奖与世界三大质量奖项差异分析

差异点	戴明奖	波多里奇国家质量奖	欧洲质量奖	全国质量奖	中国质量奖
成立时间	1951 年	1987 年	1997 年	2001 年	2013 年
特点	成立最早	运用最广	国家最多	协会颁发	最高政府性荣誉

续　表

差异点	戴明奖	波多里奇国家质量奖	欧洲质量奖	全国质量奖	中国质量奖
评奖目的	共享质量改进成果,革新质量保证技术	提供实施本届TQM的模式,引导企业追求更强的竞争力	提供欧洲实施TQM的模式;加速欧洲一体化与新质量观的趋同	目的在于激励和引导我国企业追求卓越的质量经营,为提高经济社会发展质量做贡献	表彰在质量管理模式、管理方法和管理制度领域取得重大创新成就
评审范围	向海外企业开放	海外企业不可申请	仅限于欧洲范围内	全国企业,非紧密型企业集团不在评审范围之内	国内企业
评价标准	六过程和一结果	六个基本要求	五手段和四结果	依据GB/T 19580《卓越绩效评价准则》	依据《中国质量奖评审要点》
奖项性质	非竞争性奖项	竞争性奖项	竞争性奖项	竞争性奖项	竞争性奖项
评审重点	组织绩效,经营结果	强调统计质量控制技术应用	顾客、员工满意度,对社会的影响和绩效	侧重过程管理、资源	强调评审对象的导向引领作用

(一)奖项设置差异

奖项的设置根据不同的评奖目的。世界三大质量奖在奖项设置方面,也采取了不同形式。戴明奖设立了四大奖项:表彰个人或小组的戴明大奖、海外普及与推广功劳奖、表彰企业和组织的戴明奖、戴明奖大奖。戴明奖是非竞争性奖项,而且是唯一一个可以向海外开放的奖项。波多里奇国家质量奖设立了六大奖:制造业、服务业、小企业、教育、医疗卫生、政府和非营利组织。欧洲质量奖设立了四大奖项,分别是质量奖、单项奖、入围奖、提名奖,它是竞争性奖项,评奖只限于欧洲范围。全国质量奖包括组织奖、项目奖(卓越项目奖)、个人奖(中国杰出质量人)三大类。其中,组织奖奖项设置包括:大中型企业、小企业、服务业、特殊行业;在层级设置上包括质量奖、入围奖、鼓励奖。中国质量奖包括中国质量奖和中国质量奖提名奖,其中还包括个人奖。这些奖项设置,都是根据各国国情,针对不同出发点进行设置,促进本国质量的发展。

（二）设立目的差异

中外质量奖设立目的不同，日本戴明奖的目的是共享质量改进成果，革新质量保证技术。美国波多里奇国家质量奖的目的提供实施 TQM 的模式，引导企业追求更强的竞争力。欧洲质量奖的目的是提供欧洲式实施 TQM 的模式，加速欧洲一体化与新质量观的趋同。全国质量奖的目的是贯彻落实《中华人民共和国产品质量法》，激励和引导我国企业追求卓越的质量经营，增强组织综合竞争能力，更好地适应经济全球化的发展趋势，使组织更好地服务用户、服务社会，为提升我国组织整体管理水平、提高经济社会发展质量做贡献。中国质量奖的目的旨在表彰在质量管理模式、管理方法和管理制度领域取得重大创新成就的组织和为推进质量管理理论、方法和措施创新做出突出贡献的个人。

（三）评审标准差异

日本戴明奖评价的标准：领导能力、规划与战略、TQC 的管理系统、质量保证系统、经营要素管理系统、人力资源、信息利用、TQC 的价值观、科学方法、组织活动及对实现企业目标的贡献。美国波多里奇国家质量奖评价的标准：领导作用、战略计划、以顾客与市场为中心、信息分析与知识、人力资源开发、过程管理、经营结果。它们所占比重分别为 $12.5\%,8.5\%,8.5\%,8.5\%,8.5\%,8.5\%,45\%$。欧洲质量奖的评价标准：领导作用、战略与策划、员工投入、战略与合作关系、过程管理、顾客对产品评价、人力资源效果评价、社会效益评价、经营结果。所占比重分别为 $10\%,8\%,9\%,9\%,14\%,20\%,9\%,6\%,15\%$。全国质量奖评价标准主要包括领导、战略、顾客与市场、人力资源、过程管理、测量/分析与改进、经营结果。所占比重分别为 $12\%,8\%,8\%,8\%,16\%,8\%,40\%$。中国质量奖在组织评审方面，重点评审质量、技术、品牌和效益四个方面内容，下设若干二级评审项目和三级评审项目，形成依次展开的关系；在个人评审方面，重点评审基本素质、能力水平、成果影响三个方面内容；针对专家学者、组织管理者、质量技术人员和一线工作人员等不同类别的个人，评审项目内容更加细化。

我国的质量奖特别是中国质量奖，才刚刚发展起来。美国波多里奇国家质量奖的理念如何适应中国的具体国情是一个需要我们认真考虑的问题。同时，我们也应当借鉴日本戴明奖对于各种统计技术、流程与技术的运用和欧洲质量奖完整缜密的逻辑体系,更好地完善我们的质量奖体系。

三、质量奖评审员能力素质的构建与提升

2001 年全国质量奖设立以后,质量奖评审员这个特殊的群体应运而生。近 20 年来,各地方质量奖如雨后春笋般出现。据不完全统计,截至 2019 年底,全国共有 23 个省(区、市)、90 个市(地、州)设立了政府质量奖。上海、深圳、江苏、浙江等发达地区甚至设立了区、县一级的政府质量奖。庞大的质量奖"市场"使得评审员队伍迅速扩大,由此引发了一个新的矛盾:评审员能力的提升速度跟不上队伍的扩大速度。

评审员队伍能力素质薄弱会给质量奖的开展带来诸多问题:一是会影响质量奖的公信力。被评审企业获奖与否,主要是根据评审员对企业做出的评审结论。如果评审员水平不足,其结论缺乏可信度,自然会影响到奖项的公信力。二是会对被评审企业没有实质帮助。政府设置质量奖的本意并不完全只是为了发奖,而是为了在评奖的同时,为企业质量提升提供建议。如果评审员水平不行,是根本不能实现这一目的的。因此,评审员能力素质的高低对质量奖工作的成效大小会产生重大影响。

这就需要构建一个质量奖评审员的能力素质结构。构建的依据是能力素质模型。能力素质模型(Competency Model)是美国心理学家戴维·麦克利兰(David C. McClelland)博士在为美国国务院遴选外交官的过程中,开发的一套人力资源管理工具。能力素质模型认为,个人能否胜任工作不仅仅取决于知识和技能,还取决于他的态度、价值观、心理特征、行为动机等因素,而且后者尤甚。因此,一个人的能力至少包含三个方面:反映个体价值观的核心能力;反映个体技能的通用能力;以及反映个体知识的专业能力。

构建质量奖评审员能力素质模型要从评审员工作的性质、过程和内容入手。评审员的工作是具有官方性质的政府行为,它要求工作人员秉承客观、公正的态度,言行上做到"言必信,行必果",对业务精益求精,与同事精诚合作。评审员工作的过程需要阅读评审文件、与企业进行交流、撰写评审报告,这就要求评审员具备良好的表达能力、沟通能力、分析判断能力。评审员工作的内容是结合标准分析对企业状况进行评价,需要掌握相关的标准、企业经营管理知识、评审基本技巧等。

具备了以上能力,评审员在评审过程中所发现的"优势"才有可能是企业真正的优势,所撰写的"改进意见"才有可能真正具备改进的价值。

目前,我国经济增速放缓,贸易和投资持续低迷,金融市场动荡不安,产业结构面临调整,在商业模式、产品质量、节能环保、社会责任等方面对企业形成了多层次压力。评审员在评审中就要根据这些基本情况,对照条款中确定的各个方面,对企业进行全面审视。对于那些有助于企业应对外部环境的地方,应确认为企业优势,并明确告知企业;对于那些不利于企业应对外部环境的薄弱环节,应确认为改进空间,并提出有针对性的改进建议。唯有如此,评审工作才能具有高度和深度,让企业感受到质量奖评审工作的价值所在。

优秀评审员需要具备的能力素质很多,评审员也应该不断朝着这个方向努力。但评审员大多不是专职的,都有自己很多的日常工作要做。因此,在能力提升上必须有所侧重,抓住对评审工作影响最大的方面修炼自己。作为评审员,首先需要了解宏观环境。宏观环境是企业赖以生存、发展的基础。评审员只有对宏观环境,特别是行业环境有充分的了解,才能准确理解企业在战略、文化、市场、组织、技术等重要方面的选择。

其次是掌握提问技巧。现场评审中,评审员要与企业进行直接对话,这是最能了解企业真实情况的环节,也是最能体现评审员水平的环节。问题提得好,不但可以了解企业的真实状况,而且能获得企业的积极配合;相反,如果问题提不好,现场评审环节就会流于形式,最终一无所获。

关于提问,评审员需要掌握一些基本的提问方式,在现场进行灵活的运用,才能在整个过程中游刃有余。常见的提问方式有以下几种:

● **引导式提问**。所谓引导式提问,就是要学会借力打力,先通过陈述一个事实,然后再根据这个事实发问,让对方给出相应的信息。

● **限制式提问**。所谓限制式提问,就是把问题的答案限定在有限的几个范围内,即在提问的时候给被问者若干个选择答案,被问者只能在这几个给定的答案中选择回答。

● **建议式提问**。所谓建议式提问,就是在提问中以建议的口吻,向对方询问某种方法或建议是否可行,多用于启发被问者的创造性思维。

● **探求式提问**。所谓探求式提问,就是通常采用我们常说的 5W1H 的原则(其中 5W 是指 Why,What,Who,When,Where,1H 是指 How,也就是何事、何故、何人、何如、何时、何地、何量),用它们向对方了解一些基本的事实与情况。

● **肯定式提问**。所谓肯定式提问,就是在提问中通过不断抛出一些常识,让对方不断做出肯定的回答,进而在潜意识中建立起对被提问者的能力认同。

● **请教式提问**。所谓请教式提问,就是在提问过程中以向提问对象求教的口吻进行问题的阐述,以征询意见的形式获得问题的答案。由于人存在喜欢被尊重的心理,以请教的方式提问能更快地获得对方认同。

最后,评审员需要提高学习能力,保持对新鲜事物的好奇。原因有以下两个方面。第一,卓越绩效标准的背后是近代以来全部管理学理论的支撑,评审员要更加深刻地理解和运用标准就必须学习这些理论知识。第二,世界发展日新月异,科技革命和产业革命交替上演。评审员唯有深入了解这些新变化,才能为企业发展提出更多建设性的意见,赢得企业的信任和赞许。

实训报告
撰写要求

综合报告范文

第二篇　质量管理工具篇

第三章　QC 老七种工具

【学习目标】通过学习本课程,你将能够:

(1)掌握各类现场质量改进工具,提高分析问题、解决问题能力。

(2)掌握质量控制工具,成为你解决现场问题的利器。

(3)掌握正确的各种质量管理工具,质量改善技能,利用现有的资源,降低成本,创造最大的利润。

【授课时间】9 学时(理论)。

【培训特色】QC 七种工具、FMEA、DOE 及 QFD、田口方法等质量管理工具简单实用,可操作性强。本章所选案例通俗易懂,能让所学者快速掌握和应用。

在 TQC 品质推进的过程中,一直使用的是老七种手法,以数据的分析为主,但产品的品质＝制造的品质＋设计的品质＋服务的品质＋工作的质量。QC 新七种工具将告诉你简单实用的品质控制理念和方法,引导你进入质量控制的科学殿堂,为你的生产顺利进行保驾护航,为你引来忠诚的客户,从而使你在业界独占鳌头!

质量管理方面的工具非常多,但目前常用的主要有新老七种工具,质量机能展开(Quality Function Deployment,QFD)等。考虑到本书是针对初学者的,所以,对一些高难度,需要大量数据统计知识的工具如六西格玛、田口方法、DOE(试验检验方法)等工具将只进行简单的介绍。

本教材的质量管理工具以 QFD 为重点进行分析。QFD 是当代"用户驱动工程"中最受欢迎的方法之一。QFD 是一种用于倾听顾客呼声的系统性的规划与决策方法,它将顾客的要求恰如其分地转换成工程设计人的设计理念和设计方法。QFD 是一种顾客驱动的产品开发方法。QFD 可以很好地集成其他众多的质量工具,本章节将系统地介绍 QFD 的操作步骤,结合中国企业实际的应用实例,为读者分析和处理实际问题提供指南。

所谓全面质量管理常用七种工具,就是在开展全面质量管理活动中,用于收集和分析质量数据,分析和确定质量问题,控制和改进质量水平的常用七种方法。QC 新七大工具指的是:关系图法、KJ 法、系统图法、矩阵图法、矩阵数据分析法、PDPC 法、网络图法。相对而言,新七大工具在世界上的推广应用远不如老七大工具,也从未成为顾客审核的重要方面。QC 老七大工具指的是:排列图、因果分析图、亲和图、直方图、控制图、散布图、检查表。从某种意义上讲,推行 QC 七大工具的情况,一定程度上表明了公司管理的先进程度。这些工具的应用,将成为公司升级市场的一个重要方面。几乎所有的 OEM 客户,都会把统计技术应用情况作为审核的重要方面,例如 TDI,MOTOROLA 等。

尽管出现了新七种工具,但老七种工具的使用仍然最为广泛,效果也最理想。因此,本文只对老七种工具做详细介绍。QC 这些方法不仅科学,而且实用,作为班组长应该首先学习和掌握它们,并带领工人应用到生产实际中。

质量管理讲究科学性,一切凭数据说话。因此对生产过程中的原始质量数据的统计分析十分重要,为此必须根据本班组、本岗位的工作特点设计出相应的表格。

第一节　排列图法

排列图法是找出影响产品质量主要因素的一种有效方法,也叫帕累托图。帕累托最优(Pareto Optimality),也称为帕累托效率、帕累托改善,是博弈论中的重要概念,并且在经济学、工程学和社会科学中有着广泛的应用。

排列图(帕累托曲线)的制作步骤如下:

步骤一　数据的收集。

对于发现的不良、灾害及错误等问题收集数据,数据收集期间可以根据问题发生状况及性质来决定数据的周期,例如,以一个月、三个月(一年四次)为周期,也可以根据问题的具体情况每星期来收集。

步骤二　将数据根据原因及内容进行分类。

（1）原因可按材料、机械、作业者、作业方法分类；

（2）内容可按不良项目、场所、时间进行分类。

步骤三　根据分类项目来整理数据，并作成计算表。

分类项目按数据多少由大到小排列，"其他"项目不论多大都排在最后。

步骤四　图表中纵轴和横轴的作成。

（1）纵轴和横轴最好是一样长，并适当地决定刻度的间隔；

（2）纵轴：坐标终点应稍大于数据的合计数，并且恰当选择（凑整）；

（3）横轴：按项目的数据多少从左至右依次排列，并在下面记入相应的项目名称；

（4）纵轴记录件数、金额等特征值；横轴记录分类项目。

步骤五　柱状图的作成。

柱状图中"其他"项目放置最右端，各项目之间无间隔。"其他"项目不论它有多大，应放在最右端作为最后一个项目，并且作为检讨的对象。

步骤六　累积曲线的作成。

累积的值在各个柱状图的右上部打点，然后用直线连接这些点，作出折线，折线的起始点为0。折线即为帕累托图的累积曲线。

步骤七　累积比率的作成。

在帕累托图的右侧作纵轴，于左侧轴相应地建立右纵轴的起点（0）、终点（100%），将0—100%的长度进行等分，并记录刻度，例如，20%可以五等分，10%可以十等分。而即使数据比率的合计值超过100%（累积为100.1%，四舍五入的原因），仍以100%为准记录纵轴。

终点（100%）的确定：从左侧纵轴的数据合计数点引出横轴平行线（即垂直于左侧纵轴），其必与左侧纵轴相交，即其相交点位于右纵轴。100%点数据的修约口诀："五下舍五上入，整五偶舍奇入"，即4以下舍去，6以上入1的原则，数字是5时，要看其前的数字而定，若是偶数则舍去，若是奇数则入1。

步骤八　记入必要事项。

（1）帕累托图表的表题在图表的下部记入；

（2）记入数据的收集时间；

（3）记入数据的合计值；

例：件数＝n；金额＝元。

（4）记入做成日期。

需要注意的是，累计百分率应标在每一项目的右侧，然后从原点开始，点与点之间以直线连接，从而作出帕累托曲线。

第二节　因果分析图法

因果分析图又叫特性要因图。按其形状，有人又叫它为树枝图或鱼刺图。它是寻找质量问题产生原因的一种有效工具。

影响产品质量的大的方面的原因要素，通常从五个方面去分析，即人、机器、原材料、加工方法和工作环境。每个大的方面的原因要素再具体化成若干个中等原因要素，中等原因要素再具体化为小的方面的原因要素，越细越好，直到可以采取措施为止。

鱼骨图又叫石川图或因果图，最早是由日本管理大师石川馨发明的，后因其形状像鱼骨而被称为鱼骨图。鱼骨图可以帮助我们透过现象看本质，并快速地发现问题的"根本原因"。其实，从本质上来说，鱼骨图也可以看作是"树形图"，只不过树形图是纵向的，而鱼骨图是横向的，其进化版就是"心智图"，也就是我们常说的"思维导图"。图 3-1 是关于噪音超标的原因分析。

鱼骨图一般根据所解决的问题或发挥的作用不同，可以分为三种类型：

第一种是整理问题型。这种类型的鱼骨图，鱼头与各分支之间不存在原因关系，只是结构构成关系（鱼头表示结果，鱼骨上的节点是此结果的结构项）。可以说这种类型的鱼骨是并列关系，它们中间的每一项不存在具体的逻辑关系。

第二种是原因型。用来分析构成问题的原因（鱼头在右，代表结果；原因在左，通常以"为什么……"来描述）。可以说这种类型的鱼骨不是并列关系，它们中间的每一项存在具体的逻辑关系。

第三种是对策型。主要是用来找出问题的对策（鱼头在左，代表结果；对策在右，通常以"如何提高/改善……"来描述）。可以说这种类型的鱼骨之间不是并列

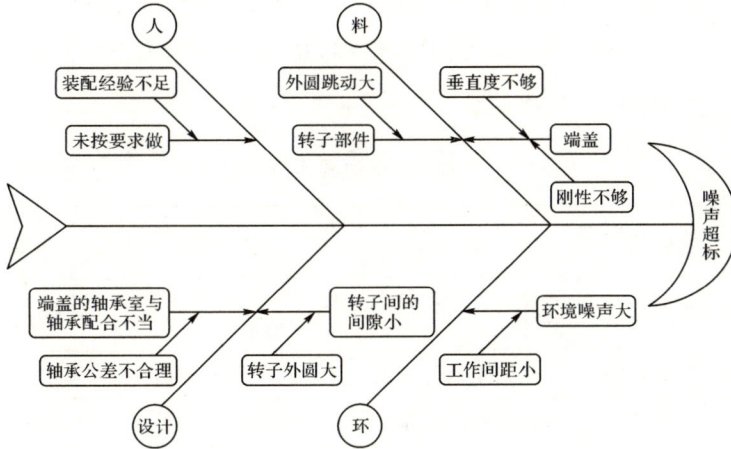

图 3-1　关于噪音超标原因分析的鱼骨图

关系，它们中间的每一项存在具体的逻辑关系。

通过鱼骨图的运用，可以发挥以下作用：

①通过结构性的方式，找出造成某个问题的根本原因；

②运用有序的、便于理解的图标格式阐明因果关系；

③可以全面地分析考虑造成问题的各种原因，而不是只看某些明显的表面因素；

④能够集中考虑问题的实质内容，而不是问题的历史或不同的个人观点。

但鱼骨图本身也存在一定的局限性，即鱼骨图对于某些因果关系错综复杂的问题分析成效不大。

那么，鱼骨图中的中骨、小骨、孙骨有何区别？

中骨是用来表示某种"事实"。

小骨主要是用来表示造成某种结果的原因。

孙骨是对小骨更深一层的分析。

注意：绘图时，应保证大骨与鱼脊间成 60°夹角，中骨是从大骨分出来的，所以中骨与大骨间的夹角还是 60°，中骨线与鱼脊线平行。

在运用鱼骨图中，常常用到"5W1H"方法，这又是什么方面呢？5W1H 分析法也称六何分析法，是一种思考方法，也可以说是一种创造技法。是对选定的项目、工序或操作，都要从原因（Why）、对象（What）、地点（Where）、时间（When）、人员（Who）、方法（How）等六个方面提出问题进行思考。这种问话和思考办法，可使思考的内容深化、科学化。具体见表 3-1。

表 3-1　5W1H 法的具体内容描述

	现状如何	为什么	能否改善	该怎么改善
对象（What）	生产什么	为什么生产这种产品或配件	是否可以生产别的	到底应该生产什么
目的（Why）	什么目的	为什么是这种目的	有无别的目的	应该是什么目的
场所（Where）	在哪儿干	为什么在那儿干	是否在别处干	应该在哪儿干
时间和程序（When）	何时干	为什么在那时干	能否其他时候干	应该什么时候干
作业员（Who）	谁来干	为什么那人干	是否由其他人干	应该由谁干
手段（How）	怎么干	为什么那么干	有无其他方法	应该怎么干

"5W1H"是对选定的项目、工序或操作，应用到质量管理过程中，具体思路如下：

①对象（What）——什么事情。

公司生产什么产品？车间生产什么零配件？为什么要生产这个产品？能不能生产别的？我到底应该生产什么？例如，如果这个产品不挣钱，换个利润高点的好不好？

②场所（Where）——什么地点。

生产是在哪里发生的？为什么偏偏要在这个地方生产？换个地方行不行？到底应该在什么地方生产？这是选择工作场所应该考虑的。

③时间和程序（When）——什么时候。

这个操作是在什么时候进行的？为什么要在这个时候进行？能不能在其他时候进行？把后面的操作换到前面来执行是否可以？到底应该在什么时间开始操作？

④人员（Who）——责任人。

这个事情是谁在负责？为什么要让他负责？如果他既不负责任，脾气又很大，是不是可以换个人？有时候换一个人，整个生产就有起色了。

⑤为什么（Why）——原因。

为什么采用这个技术参数？为什么不能有变动？为什么不能使用？为什么变成红色？为什么要做成这个形状？为什么采用机器代替人力？为什么非做不可？

⑥方式（How）——如何。

我们是怎样做的？为什么用这种方法来做？有没有别的方法可以做？到底应该怎么做？有时候方法一改，全局就会改变。

第三节　亲和图法

分层法或叫亲和图（KJ法），又叫分类，是分析影响质量（或其他问题）原因的方法。我们知道，如果把很多性质不同的原因搅在一起，那是很难理出头绪来的。分层是把收集来的数据按照不同的目的加以分类，把性质相同，在同一生产条件下收集的数据归在一起。如图3-2所示，用分层法针对如何开设一家受欢迎的快餐厅，通过大量的调研，把调查的内容归类为人员素质高、食物口味独特、工艺制造独特、服务态度和蔼可亲和订餐用时短等内容。

这样，可使数据反映的事实更明显、更突出，便于找出问题，对症下药。

企业中处理数据常按以下原则分类：①按不同时间分：如按不同的班次、不同的日期进行分类；②按操作人员分：如按新老工人、男女工、不同工龄分类；③按使用设备分：如按不同的机床型号，不同的工具等进行分类；④按操作方法分：如按不同的切削用量、温度、压力等工作条件进行分类；⑤按原材料分：如按不同的供料单位、不同的进料时间、不同的材料成分等进行分类；⑥按不同的检测手段分类；⑦其他分类：如按不同的工厂、使用单位、使用条件、气候条件等进行分类。总之，因为我们的目的是把不同质的问题分清楚，以便于分析问题找出原因；所以，分类方法多种多样，并无任何硬性规定。

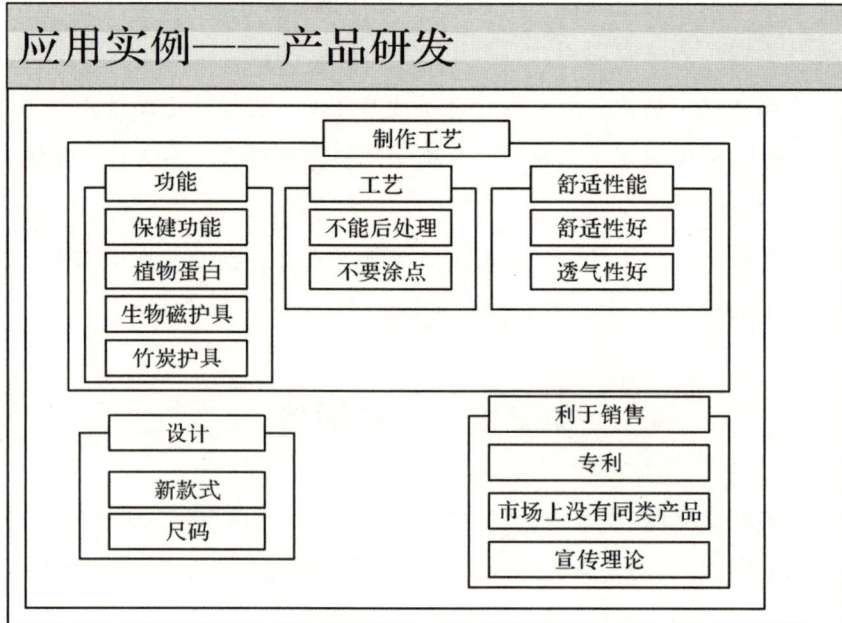

图 3-2　亲和图示例

第四节　直方图法

　　直方图（Histogram）是频数直方图的简称，又称质量分布图。它是一种统计报告图，由一系列高度不等的纵向条纹或线段表示数据分布的情况。一般用横轴表示数据类型，纵轴表示分布情况。

　　直方图是数值数据分布的精确图形表示。这是一个连续变量（定量变量）的概率分布的估计，并且被卡尔·皮尔逊（Karl Pearson）首先引入。它是一种条形图。它是用一系列宽度相等、高度不等的长方形表示数据的图。长方形的宽度表示数据范围的间隔，长方形的高度表示在给定间隔内的数据数。如图 3-3 所示。构建直方图，首先要将值的范围分段，即将整个值的范围分成一系列间隔，然后计算每个间隔中有多少值。这些值通常被指定为连续的、不重叠的变量间隔。间隔必须相邻，并且通常是（但不必须是）相等的大小。直方图也可以被归一化以显示"相对"频率。这样，它可以显示属于几个类别中的每个案例的比例，其高度等于 1。

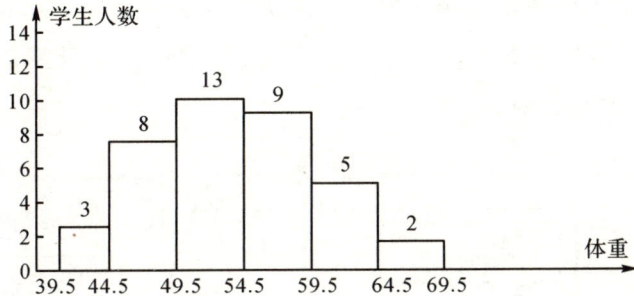

图 3-3　直方图示例

直方图的作用：①显示质量波动的状态；②较直观地传递有关过程质量状况的信息；③通过研究质量波动状况之后，就能掌握过程的状况，从而确定在什么地方集中力量进行质量改进工作。

第五节　控制图法

控制图法是以控制图的形式，判断和预报生产过程中质量状况是否发生波动的一种常用的质量控制统计方法。它能直接监视生产过程中的质量动态，具有稳定生产、保证质量、积极预防的作用。

控制图根据质量数据通常可分为两大类八种。

一类为计量型数据的控制图，有 Xbar-R 图（均值—极差图）、Xbar-S 图（均值—标准差图）、X-MR 图（单值—移动极差图）、X-R 控制图（中位数图）共四种。一类为计数型数据的控制图，有 P 图（不合格品率图）、np 图（不合格品数图）、c 图（不合格数图）、u 图（单位产品不合格数图）共四种。

控制图观察时需要注意，如果点子落到控制界限之外，应判断工艺过程发生了异常变化。

如果点子虽未跳出控制界限，但其排列有下列情况，也应判断为工艺过程有异常变化：①点子在中心线的一侧连续出现 7 次以上；②连续 7 个以上的点子上升或下降；③点子在中心线一侧多次出现，如连续 11 个点中，至少有 10 个点（可以不连续）在中心线的同一侧；④连续 3 个点中，至少有 2 个点（可以不连续）在上方或下方横线以外出现（即很接近控制界限）；⑤点子呈现周期性的变动在 X-R 图、X-R 图和 X-Rs 图中，对极差 R 和移动极差 Rs 的控制观察，一般只要点子未超出控制界限，就属正常情况，如图 3-4 所示。

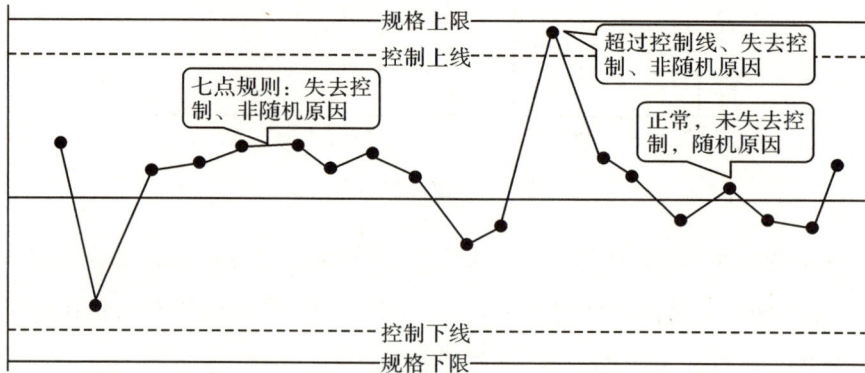

图 3-4　控制图示例

第六节　散布图法

散布图法，是指通过分析研究两种因素的数据之间的关系，来控制影响产品质量相关因素的一种有效方法。在生产实际中，往往是一些变量共处于一个统一体中，它们相互联系、相互制约，在一定条件下又相互转化。

有些变量之间存在着确定性的关系，可以用函数关系来表达；有些变量之间却是相关关系，不能由一个变量的数值精确地求出另一个变量的数值。

散布图法可以对这种具有相关关系的变量进行分析。具体操作是将这两种有关的数据列出，用点子打在坐标图上，然后观察这两种因素之间的关系。这种图就称为散布图或相关图。

散布图法在工厂生产中会经常用到。例如，棉纱的水分含量与伸长度之间的关系，喷漆时的室温与漆料黏度的关系，热处理时钢的淬火温度与硬度的关系，零件加工时切削用量与加工质量的关系等。根据测量的两种数据作出散布图后，就可以从散布图上点子的分布状况，看出两种数据之间是否有相关关系，以及关系的密切程度。

第四章　QFD 的工具及应用

作为一种面向顾客需求的产品开发设计方法,质量机能展开(Quality Function Deployment,QFD)是一种将顾客需求信息合理化,且有效地转换为产品开发各阶段的作业控制规程的方法和技术目标,它使所设计和制造的产品能真正地满足顾客需求。QFD 将注意力集中于规划和问题的预防,它不仅仅集中于问题的解决。QFD 代表了从反应式的、被动的传统产品开发模式(设计—试验—调整)转换成一种预防式的、主动的现代产品开发模式。

日本学者赤尾洋二于 1966 年提出 QFD 的概念,它作为一种产品设计方法于 1972 年首先被日本三菱重工的神户造船所成功地应用到船舶设计与制造中。从 20 年代 70 年代中期开始,QFD 相继被其他日本公司所采用。丰田公司使用 QFD 后,新产品开发的启动成本下降了 60%,产品开发周期也缩短了 1/3,取得了巨大的经济效益。

在赤尾洋二教授发明了 QFD 技术后不久,日本品牌吉川也将其应用于软件。QFD 是前端需求获取技术,它可以应用于任何软件工程方法,是一种定义客户关键需求及量化客户关键需求的方法。本章内容在论述 QFD 的定义、发展历程及功能的基础上,将以 QFD 在软件开发设计过程中的运用作为案例进行分析。

第一节　质量机能展开(QFD)简介

QFD,是广义的质量机能展开即质量展开(Quality Deployment,QD)与狭义的质量机能展开即质量职能展开的总称。

　　QD 是一种系统化的技术方法。赤尾洋二将其定义为："将顾客的需求转换成代用质量特性，进而确定产品的设计质量（标准），再将这些设计质量系统地（关联地）展开到各个功能部件的质量、零件的质量或服务项目的质量上，以及制造工序各要素或服务过程各要素的相互关系上。"通过质量展开，它可以使产品或服务事前就完成质量保证，符合顾客要求。

　　质量职能展开是一种体系化的管理方法。水野滋博士将其定义为："将形成质量保证的职能或业务，按照目的、手段系统地进行详细展开。"通过企业管理职能的展开实施质量保证活动，可以确保顾客的需求得到满足。质量表制作过程如图 4-1 所示。作为一个企业，首先要通过全面的市场调研，充分了解顾客的需求，从众多甚至是杂乱无章的顾客需求中，经过科学的分析，抽出关键的质量要求，与公司现有的质量特性及技术能力进行一一对比，结合竞争对手的能力进行对比，找到关键的顾客需求，并明确本公司急切需要提升和增强的技术，最后通过质量策划，技术改进项目提升公司的技术水平，满足或超越顾客的需求。

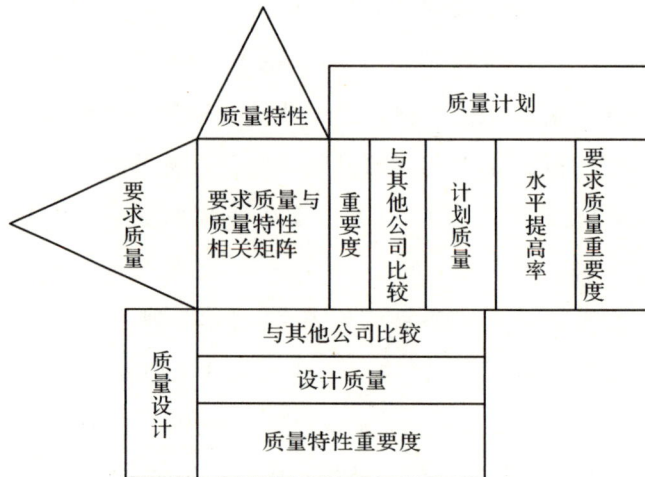

图 4-1　质量表制作过程图

　　质量机能指企业为使产品、过程或服务满足规定的要求或用户的需要而进行的全部活动的总称。在整个质量工作中，企业各部门应该发挥什么作用，承担什么职责，开展哪些活动，都是质量机能所要研究的内容。质量展开图如图 4-2 所示。

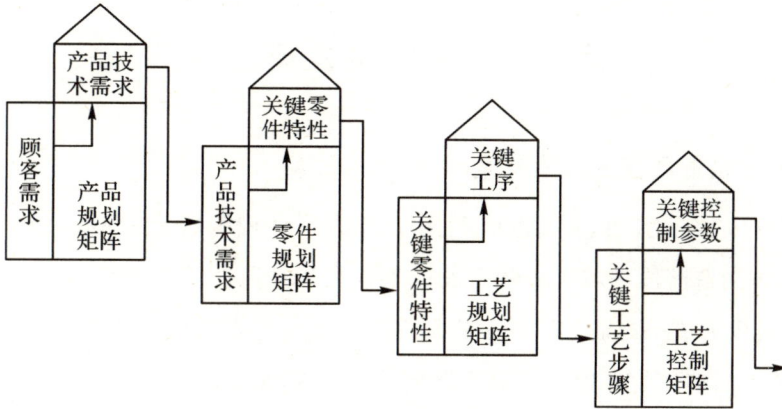

图 4-2　QFD 的规划矩阵图

质量机能展开（QFD）涉及多个规划矩阵，如产品规划矩阵、零件规划矩阵、工艺规划矩阵和工艺控制矩阵等内容，如同瀑布一样，层层分解，可见 QFD 涉及企业管理的方方面面，有战略规划、营销设计、售后服务等环节。如图 4-3 所示，QFD 在企业里发挥的作用越来越大。

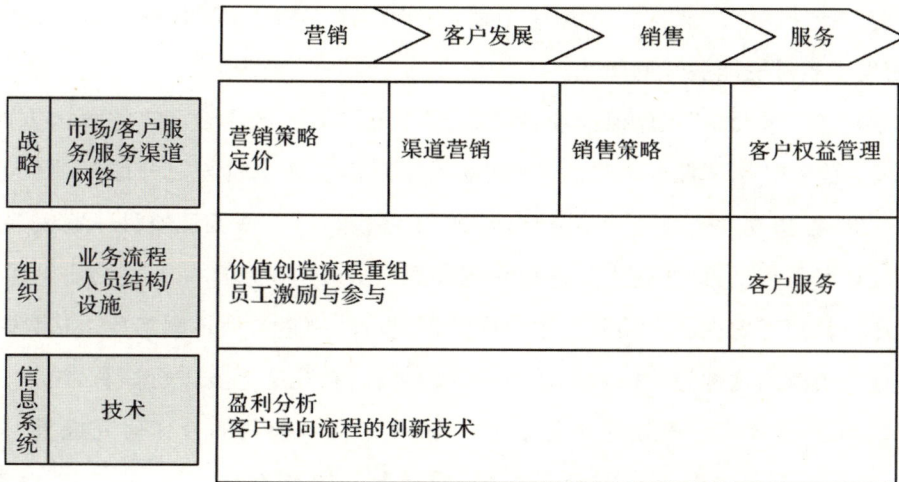

		营销	客户发展	销售	服务
战略	市场/客户服务/服务渠道/网络	营销策略定价	渠道营销	销售策略	客户权益管理
组织	业务流程人员结构/设施	价值创造流程重组 员工激励与参与			客户服务
信息系统	技术	盈利分析 客户导向流程的创新技术			

图 4-3　QFD 在企业内部的应用范围

第二节　QFD 的发展历程

一、质量机能展开的诞生背景

20 世纪 60 年代，日本实施从美国引进的统计质量控制（Statistical Quality Control），在制造阶段中取得了显著的成果。在制造阶段的工序管理中，在质量保证活动取得极大成果之后，日本迎来了新产品开发的新时代。该时代的质量保证的重点，被迫向如何生产何种产品方向转移。在规划制造这种产品时，已断定该产品是否能使顾客满意。因此，从事规划及设计的技术人员，需满足开始主张多样化价值观的顾客要求。这种移行变迁，使质量保证活动面临了难题。在此之前，检查方面有抽样检查理论，工序管理方面有控制图及各种统计方法。然而，进入新产品开发时代之后，本来与质量保证活动无缘并统治技术领域的规划和设计部门，被认为是质量保证的最重要的对象而受到关注。

在新产品开发过程中，规划和设计部门应该基于何种思路，进行怎样的质量保证活动才能使顾客满意呢？针对这个疑问，赤尾洋二博士（当时日本山梨大学教授）萌发了质量机能展开的想法。

赤尾洋二教授从"工序保证项目一览表"联结了真正的质量和工序要因方面得到启发，在指出"工序保证项目一览表"揭示了厂内保证项目与厂外保证项目的联系的同时，设想在生产开始之前就构造 QC 工序表，对"工序保证项目一览表"新增加了设计着眼点栏目，并构想怎样把一览表的想法应用于新产品开发的质量保证。赤尾洋二教授考虑在新产品开发中怎样计划、设计、制造为满足顾客要求应该具有的质量。当时给这种想法以目标质量展开的名称，在几家企业进行试行，结果非常有效。于是，赤尾洋二教授等人总结了 1966 年来在各公司的合作研究成果，并于 1972 年发表了《新产品开发与质量保证、质量展开的系统》一文。在文中，他首先使用了"质量展开"一词，给出了 17 项工作步骤，显示了今天的质量展开的基本内容。但是，因为在制造工序中用因果分析图的形式对保证项目进行表示，存在重复、繁杂以及表格非常膨大的问题，另外，当时赤尾洋二教授对设计质量应该如何设定的解决方法思考得还不够充分。

三菱重工神户造船所通过水野滋和布留川靖两位教授提出的质量表解决了这些问题。质量表在西方被称为质量屋。该方法与赤尾洋二教授的想法相结合,形成了质量展开的理念。在质量机能展开的诞生过程中,存在另一个 VE(价值工程)方面的流派。后来价值工程中产品的功能被石原胜吉扩展成业务的功能,这些业务功能的展开,发展成为狭义的质量机能展开。

从总体上来看,以质量保证中管理点的明确化流派形成的 QD(质量展开),和以 VE(价值工程)的流派形成的狭义质量机能展开,再加上质量表技术,三者最终形成了质量机能展开(QFD)。这样,我们现今称之为质量机能展开的技术便诞生了。

二、质量机能展开的发展历程

质量机能展开(QFD)在日本诞生以后,一些企业进行了试用,20 世纪 70 年代中期相继被其他日本公司所采用。丰田公司于 20 世纪 70 年代后期使用 QFD 取得了巨大的经济效益,新产品开发启动成本累计下降了 60%,而开发周期下降了 1/3。丰田公司使用新的 QFD 方法获得了顾客的认可。这种新的方法将顾客的愿望偏好通过工程和制造的工艺得以实现,更专注于顾客的要求,使企业组织中的每一位成员都有了比较清晰的目标,即如何使他的工作来满足顾客们的要求。运用该方法进行小吨位货车门的改进获得了成果,丰田又用此系统设计了其他汽车。今天,QFD 在汽车其他设计中被广泛地应用。20 世纪 70 年代日本的其他公司继续完善了 QFD 方法,使之能很好地被掌握。

1978 年水野滋和赤尾洋二将各企业的应用成果汇编成《质量机能展开》一书,该书的出版推动了质量机能展开的迅速普及和发展。1977 年,日本质量管理学会成立了质量展开研究会,此后 10 年该协会对 QFD 关联的问题进行了广泛的研究。1987 年,日本规格协会也编辑发行了以应用事例为中心的 QFD 单行本,并在美国和德国出版了翻译本。1990 年日本科技联出版社出版的 QFD 系列丛书也被许多企业利用。

1983 年在日本生产科学协会 QFD 培训班之后,日本规格协会、中部质量管理协会、日本科学技术联盟培训班相继开设,开展了 QFD 普及活动。日本科学技术联盟在 1988 年设立了 QFD 研究会,1991 年以研究会成果报告为基础,第一届质量机能展开专题研讨会开始启动。1995年第五届研讨会同时作为第一届国际研讨会(ISQFD)在东京召开,海外许多代表到会参加。第二届国际研讨会在美国的底特律举行,来自世界各地的250名代表发表了机械工业以外的许多行业中的应用事例。从这次会议开始,美国QFD研究会设立了"Akao Prize"(赤尾奖),对开展QFD普及活动有贡献的人士颁奖。第三届国际研讨会由瑞典主办,著名的VOLVO公司等介绍了应用事例。在本次会议期间,大会成立了国际质量机能展开组织。以后,每年国际QFD研讨会(ISQFD)在世界各地轮流举行,成为一项重要的国际性活动。

质量机能展开(QFD)诞生10多年以后传播到了美国。美国QFD研究会的G. H. Mazar会长在文章《质量展开活用的美国的现状》和《以日本式TQC重生的美国企业》中对美国的应用状况做了详细报道。福特汽车公司于1985年在美国率先采用QFD方法,使其产品市场占有率得到改善。今天,在美国,许多公司都采用了QFD方法,包括福特汽车公司、通用汽车公司、克莱斯勒公司、惠普公司等,在汽车、家用电器、船舶、变速箱、涡轮机、印刷电路板、自动购货系统、软件开发等方面都有成功应用QFD的报道。1986年以来,以Bob King为首的GOAL/QPC和美国供应商协会(ASI)等开展启蒙教育和普及活动的同时,每年举办大规模的专题研讨会。

1987年以来,意大利应用质量机能展开的企业迅速增加,1993年第一届欧洲QFD研讨会召开,之后德国等相继成立了QFD研究会。1996年美国开展了第一届环太平洋质量部署研讨会(First Pacific Rim Symposium on Quality Deployment)之后,QFD引起了企业的极大关注。在韩国,1978年至1985年韩国标准化协会每年举办培训班,此后关注度急剧上升。1994年1月韩国成立了QFD研究会。巴西在1989年的ICQC国际会议上介绍了QFD之后迅速普及。

三、QFD的作用与效果

综观国内外质量机能展开(QFD)的应用与实践,质量机能展开(QFD)的特点可以归纳为以下几点。

(1)QFD的整个过程是以满足市场顾客需求为出发点的,各阶段质量屋的输入和输出都是市场顾客需求所驱动,以此保证最大限度地满足市场顾客需求,这是市场规律在工程实际中的灵活应用。

（2）在QFD系统化过程的各阶段都是将市场顾客需求转化为管理者和工程人员能明确理解的各种工程信息，减少或避免了产品从规划到产出各环节的盲目性。从工程设计角度来看，这种有目标有计划的产品开发生产模式会降低工程设计费用，缩短开发周期，可以大大提高产品的质量和竞争能力。

（3）QFD方法的基本思想是"需求什么"和"怎样来满足"，在这种对应形式下，市场顾客的需求不会被曲解，产品的质量功能不会有疏漏和冗余。这实际上是一种人力和物力资源的优化配置。QFD可以省掉很多人力、物力方面的成本。

采用QFD公司的企业，虽然在计划期间会多花很多时间，但在后续的设计、再设计、生产过程中由于事先已经充分识别了顾客的需求，所以，返工的概率会大大降低，从而提高劳动生产效率，缩短了研发设计、生产时间及相关的成本。

（4）质量屋是建立QFD系统的基础工具，是QFD方法的精髓。它不仅可以用于制造行业，也可以用于其他行业。典型的质量屋构成框架形式和分析求解方法不仅可以用于新产品的开发过程中，而且可以灵活用于工程实际的局部过程，例如，可以单独应用产品的规划设计或生产工艺设计等过程。

（5）QFD技术是近年来发展和应用较为迅速和广泛的先进制造技术之一，在整个产品全方位的决策、管理、设计及制造等各阶段都能加以应用。从现代设计方法的角度来看，QFD技术在计算机技术和信息技术的支持下能有机地继承和发展传统的设计技术方法，同时还可以和其他先进技术方法如虚拟设计、并行设计等相互结合应用，以解决各种各样的工程设计和制造问题。这种纵向继承和横向互补的特点，使QFD技术能较灵活地应用于开发性设计、适应性设计及变形设计中。

（6）QFD技术中的面向市场顾客需求的内容和方法亦可应用于现代管理技术中，使管理人员无论从决策阶段，还是设计制造阶段，都能对产品的质量、性能、成本和寿命等方面有全局性的认识和把握，从而使管理更具科学性。综上所述，如果能在产品设计阶段就采用QFD，将会以1的成本，带来100的收益。如果等到顾客投诉时再采用，以100的投入，只能获得1的回报。

四、QFD工具的应用

QFD作为一种先进的质量管理理念与技术与其他质量管理技术结合应用，使日本产品迅速占领世界市场。20世纪80年代初,QFD被引入美国并迅速得到重视,美国专门从事质量管理和质量工程技术咨询服务的供应商协会等机构均积极开展了QFD方法的推动应用和研究工作,其中美国供应商协会(American Supplier Institute,ASI)劳伦斯成长机会联盟/质量生产力中心(Growth Opportunity Alliance of Lawrence/Quality Productivity Centre,GOAL/QPC)对QFD的研究与应用起到巨大的推动作用。QFD首先在美国的汽车工业和国防工业中的新产品的开发设计中得到推广和应用,而惠普、福特汽车等一些著名大公司的运用,推动了QFD方法的提高。今天,QFD的应用已经涵盖①汽车:福特公司、克莱斯勒公司、通用汽车公司。②各种设备:建筑设备、农业机械设备、自动购货系统、船舶等工业机械设备。③轻工业:服装、食品等。④服务业:软件开发、教育、医疗、保险、银行等各个领域。

QFD技术于20世纪90年代初被我国引进,QFD传入我国有两种渠道:一种是通过熊伟、张东、董乐群等人邀请赤尾洋二博士等进行讲学的方法,将日本QFD方法引入中国;另外一种是以邵家骏为首的研究者利用在美国进行质量保证学术考察的机会,引入美国QFD方法。20世纪90年代,在国家863/CIMS质量集成系统专题的主持下,我国围绕QFD开展了一系列的应用推广和研究工作,在考虑我国实际状况和工业制造水平及特点的情况下,提出了一些适应国情的有价值的观点和方法,对我国产品和服务的开发、制造水平的提高、质量的改善等方面产生重大影响;对我国制造水平的提高、技术水平的创新、竞争能力的提升等也产生积极的影响。目前,QFD在我国的航天业、重型制造业、兵器工业及一些高端技术研发行业企业已经得到初步应用。

QFD主要有三个译名,即质量功能展开、质量机能展开和质量功能配置。QFD能够保证在产品开发和设计过程中最大限度地满足顾客需求,其实质是从顾客需求出发,识别和确定什么是顾客的真正需求,进而设法实现和满足顾客需求;其核心思想是在获取和综合分析顾客需求后,将其分解细化生产制造的每一个环节及可行的质量控制的方法。总之,QFD是顾客需求驱动的方法论。综观QFD的应用和实践,QFD的作用与先进性体现在以下几个方面:

(1)QFD是使产品能在最短的周期内以最低的成本和最优的质量、资源占领市场的方法,是一种顾客需求驱动的产品开发方法。在经济效益方面,统计结果表明,运用 QFD 使工程变化减少了 20％—60％,即周期缩短了 20％—60％,保单索赔减少了 20％—50％。

(2)QFD 是一种在开发设计阶段就对产品的客户适用性实施全过程、全方位质量保证的系统方法,代表了一种从消极的、反应式的传统的产品开发和质量管理模式到积极的、预防式的现代产品开发和质量管理模式的转变。QFD 已经超越了一种单纯的技术,而是一种管理的思想模式和系统的方法。

(3)QFD 是产品信息的"存储器"。完整的四阶 QFD 包含了产品研发中的全部信息,如客户需求、竞争目标、生产工艺、技术状况、技术参数、工艺过程、质量控制信息等,还有这些信息的参照性定量关系。因此,QFD 矩阵可以看成产品信息的索引。

(4)QFD 是企业质量管理的重要组成部分。由统计过程控制(SPC)、统计质量控制(Statistical Quality Control,SQC)组成的生产过程的质量控制方法,能保证企业生产过程的质量。而由 QFD 故障模式及失效分析(FMEA)、田口(TaguChi)组成的产品设计阶段的质量控制方法,保证了产品设计质量,从而减少了产品的后期成本。这两种质量管控方法保证了产品的全过程质量控制和管理。

(5)QFD 是一种工作协调方法。QFD 支持并行工程中多功能小组协同工作模式,它运用质量屋将顾客的需求与设计、生产及研发等职能部门自然地联系起来,可以使产品开发相关的各个部门对顾客需求和产品取得共识,同时能共享信息,因此改善各职能部门之间的信息流动和沟通,改善信息沟通方式,增强人员沟通,从而促进企业整体的发展与合作。

(6)QFD 可以降低产品开发风险。QFD 能缩短产品开发周期、降低产品开发成本、使企业能更快地适应变化的市场环境;QFD 能使企业实现开发资源最优化、客户需求最大化,提高客户价值及围绕顾客需求调整产品开发战略,从而使企业在产品开发中降至最小失败率。

此外,乔治·R.佩瑞认为应用 QFD 可以为企业带来无形收益。具体如下:

(1)企业应用 QFD 技术可以保证提供客户真正满意的产品,从而保证产品的高满意度和忠诚度。QFD 保障、健全和完善了企业的质量保证活动体系。

(2)QFD知识和技术数据库可以应用于其他一系列类似的产品上,同时积累了产品开发和生产过程中的各种设计要素和设计方案。

五、质量屋(HOQ)技术

(一)质量屋（HOQ）技术的基本概念及构建

质量机能展开(QFD)过程是通过一系列图表和矩阵来完成的,其中起重要作用的是质量表,也称质量屋(HOQ)。HOQ(the House of Quality)是由美国学者 J. R. Hauser 与 D. Clausing 于 1988 年提出的。质量屋"是将顾客要求的真正的质量,用语言表现,并进行体系化,同时表示它们与质量特性的关系,是为了把顾客需求变换成代用特性,进一步进行质量设计的表";是由质量需求与质量特性构成的二维表。需求质量本来是客户方面的东西,由顾客提示,生产者把它们忠实地融入产品中,这是真正意义上的面向消费者。但仅根据顾客的语言难以构筑产品,这里将它们变换成质量特性。质量特性是生产者的语言,是技术领域中的东西。质量表的意义在于对不同的领域,用关系矩阵进行变换,即从顾客的世界转换成技术的世界。

质量屋是一种确定顾客需求和开发相应产品或服务性能之间联系的图示方法。质量屋一直是产品开发中联结用户需求与产品属性的经典工具。例如在一个相机产品开发中,市场研究得到了用户对产品的若干需求,如质量轻、使用方便、可靠、容易拿稳等。市场人员与设计人员共同工作,确定实现不同需求可行的方式。这个过程同时排除掉了一些目前技术无法实现的需求,就像选择家具。一个完整的质量屋,还包括竞争对手表现、技术指标之间的关系、技术指标重要性得分等信息。

质量屋是建立质量机能展开(QFD)系统的基础工具,是质量机能展开(QFD)方法的精髓。典型的质量屋构成的框架形式和分析求解方法不仅可以用于新产品的开发过程,而且可以灵活用于工程实际的局部过程。例如,可以单独应用于产品的规划设计或生产工艺设计等过程。

(二)质量屋的形式

质量机能展开是一种思想,一种产品开发和质量保证的方法论,它要求我们在产品开发中直接面向顾客需求,在产品设计阶段就考虑工艺和制造问题。质量机能展开的核心内容是需求转换,质量屋是一种直观的矩阵框架表达形式,它提供了在产品开发中具体实现这种需求转换的工具。质量屋(HOQ)将顾客需求转换成产品和零部件特征并配置到制造过程,是质量机能展开方法的工具。通常,狭义的质量屋/质量表如图 4-4 所示。一般情况下,狭义的质量屋作为质量机能展开过程的第一个质量屋在产品规划阶段中使用,而广义的质量屋是指质量机能展开过程中的一系列矩阵,广义的质量屋如图 4-5 所示,它的一般形式由以下几个广义矩阵部分组成。

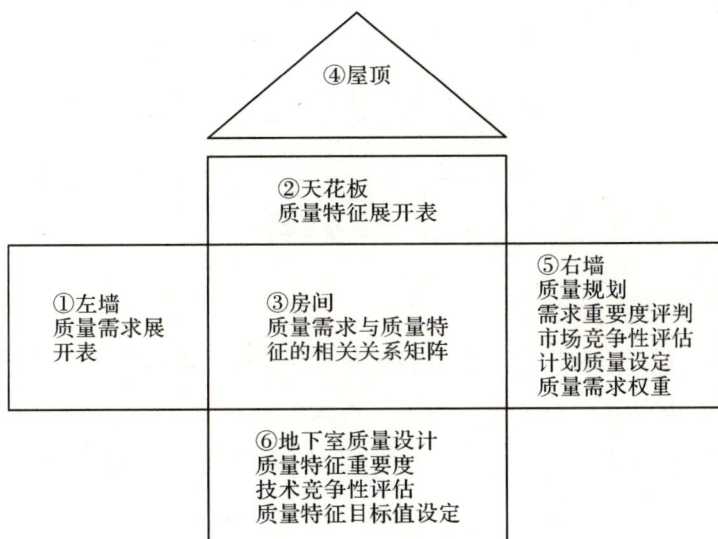

④屋顶

②天花板
质量特征展开表

⑤右墙
质量规划
需求重要度评判
市场竞争性评估
计划质量设定
质量需求权重

①左墙
质量需求展
开表

③房间
质量需求与质量特
征的相关关系矩阵

⑥地下室质量设计
质量特征重要度
技术竞争性评估
质量特征目标值设定

图 4-4　狭义的质量屋

(1)左墙为 WHATS 输入项矩阵。它表示需求什么,包含顾客需求及其重要度(权重),是质量屋的"什么"(What)。

顾客需求指由顾客确定的产品或服务的特性。

重要度(权重)值指顾客对其各项需求进行的定量评分,以表明各项需求对顾客到底有多重要。

(2)天花板为 HOWS 矩阵。它表示针对需求怎样去做,是技术需求(产品特征或工程措施),是质量屋的"如何"(How)。

技术需求(产品特征或工程措施)指由顾客需求转换得到的可执行、可度量的

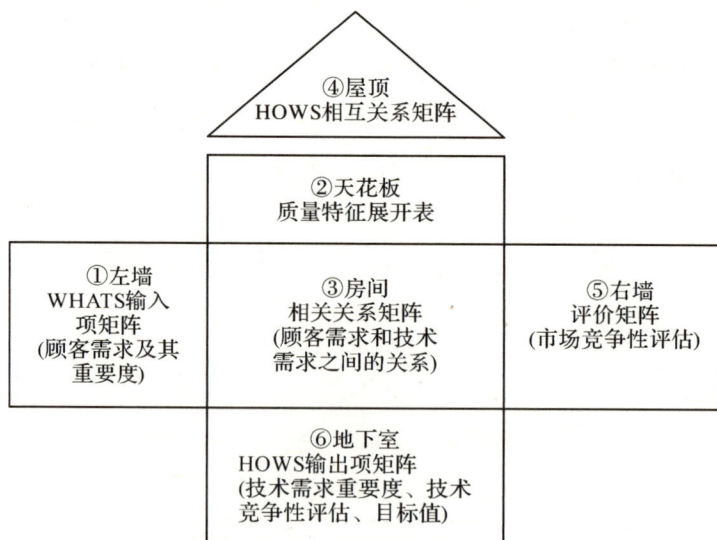

图 4-5　广义的质量屋

技术要求或方法。

（3）房间为相关关系矩阵。它表示顾客需求和技术需求之间的关系。

关系矩阵：描述顾客需求与实现这一需求的技术需求（产品特征或工程措施）之间的关系程度，将顾客需求转化为技术需求（产品特征或工程措施），并表明它们之间的关系。

（4）屋顶为 HOWS 相互关系矩阵。它表示 HOWS（技术需求）阵内各项目的关联关系。

相关矩阵：表明各项技术需求（产品特征或工程措施）间的相互关系。

（5）右墙为评价矩阵。评价矩阵指竞争性或可竞争力或可行性分析比较，是顾客竞争性评估，从顾客的角度评估产品在市场上的竞争力。

市场竞争性评估指对应顾客需求进行的评价，用来判断市场竞争能力。

企业产品评价指顾客对企业当前产品或服务满意的程度。

竞争对手产品评价指顾客对企业竞争对手的产品或服务的满意程度。

改进后产品评价指企业产品改进后希望达到的顾客满意的程度。

（6）地下室为 HOWS 输出项矩阵。它表示 HOWS 项的技术成本评价等情况，包括技术需求重要度、目标值的确定和技术竞争性评估等,用来确定应优先配置的项目。通过定性和定量分析得到输出项——HOWS项,即完成"需求什么"到"怎样去做"的转换。

技术需求重要度指技术需求(产品特征或工程措施)的重要程度。

目标值指为了具有市场竞争力,企业所需达到的技术需求(产品特征或工程措施)的最低标准。

技术竞争性评估指企业内部的人员对此项技术需求(产品特征或工程措施)的技术水平的先进程度所做的评价。

同市场竞争性评价一样,技术竞争性评估包括对本企业技术的评价和对手企业的技术的评价及改进后技术的评价。它们所不同的是,市场竞争性评估是由顾客做出的,是对产品特性的评价;而技术竞争性评估是由企业内部人员做出的,是对技术水平的评价。

通过上述组成建立质量屋的基本框架,输入信息,通过分析评价得到输出信息,从而实现一种需求转换。

为了方便读者对 QFD 的认知,以打火机设计为例,如图 4-6 所示,根据上述 QFD 的操作步骤可以简单地统计出要求质量重要度、绝对重要度、水平重要度等内容。

第一步是开展市场调研,了解顾客的需求;第二步是利用 KJ 法,也就是亲和图法,归纳出顾客需求的大类;第三步是利用 AHP 法,算出顾客需求的重要性;第四步得出关系矩阵,找出顾客需求与质量要素之间的对应关系。

为了让大家能更好地理解质量机能展开(QFD)这种工具,此处将举一个简单的例子说明。

我们通过前面的论述都知道 QFD 这个方法是将顾客市场的要求,变成设计要求,零部件的个性工艺要求变为生产要求。它有一个多层次的演绎分析过程。这是 20 世纪 70 年代在日本发展起来的,20 世纪 80 年代后期传到美国,之后美国 71% 的企业开始采用 QFD。这种方法让一个企业的产品,从开发开始就了解市场顾客的需求,再由需求转化成设计要求。

这个方法其实是一个操作性蛮强的方法,QFD 的关键是建造一个质量屋,现

构造要求质量与质量要素的关系矩阵(房间)

质量要素展开表 要求质量展开表	形状尺寸	重量	耐久性	点火性	操作性	外观设计性	话题性	要求质量重要度
能可靠地点着			○	◉	○			
容易使用	◉	◉			○			
可安心携带	○	△	◉	○				
可长期使用			◉	○	○	△		
外观设计好	○	○				◉	○	
爱不释手			△		△	○	◉	
质量要素重要素度								

◉ 5　　　○ 3　　　△ 1

图 4-6　质量屋示例(打火机)

在我们具体来看看怎么做。这个方法有八个步骤,做好这八个环节就建造了一个质量屋。

第一步,确定顾客。

最重要的顾客其实就是购买产品的那些人。一方面他们会购买产品,另一方面,他们会向其他的消费者转告这个产品的质量优势或者缺陷,因此他们也是所谓的最终消费者。

另外,还有两类消费者也是我们需要关注的,一类是制造商,一类是销售商。我们设计的这个产品,最终要走向市场和最终消费者,制造和销售两个环节是必不可少的。对设计者而言,这两部分人也是顾客。因此除了最重要的消费者之外,这两类顾客也需要我们关注。

由于 QFD 比较复杂,我们先从基础的开始了解,我们构建一个简单的铅笔设计质量屋。

第二步,确定顾客的需求。

也就是顾客到底想要什么,这是至关重要的一步。站在顾客的立场上来讲,顾客希望产品寿命长、容易维护、有吸引力、有很高的科技含量。还有一类顾客是制造方面的顾客，他们希望容易生产；采用可获取的资源，不要为了生产产品去改造车间，大量引进设备，或者为了生产去增加过多的能源，这样就比较麻烦；用标准的零部件。另外一类顾客，就是销售人员，他们希望产品都能满足顾客的要求，同时容易包装、储存、运输等。

要想知道顾客想要的是什么，有以下几种方法：

①观察的方法。如何去观察呢？比如说一个轿车车门的问题，我们可以派一些观察员到停车场观察，这些轿车的使用者他们平时怎么开车门、取东西、关车门。通过观察可以了解车门的开关有哪些地方未满足顾客的需求。比如车上有老人和小孩，上下车是否方便。这就是观察法，通俗来说就是派人出去看。

②问卷调查。可以用网络或者其他的方法来做，关键是设计问卷。

③中心小组活动。到社会上找一些人，进行一些中心小组的活动。精巧地设计一些问题，在会议上取得一些信息。

在这个质量屋中，顾客就对铅笔提了以下一些要求：书写舒适，外形美观，切削性能好，使用方便，价格适中，适度耐用，橡皮去污能力强，油漆不含铅。

第三步，确定各需求的重要性。

评价每一种需求的重要性，加权评分，再填入质量屋中。针对这么多项需求，按照从小到大的顺序，数字越大表示重要度越高。以铅笔的质量屋为例，顾客认为书写舒适和橡皮去污能力强的重要度明显大于价格适中这一项。不同顾客心中的权重可能有所不同。

第四步，辨别并评价竞争力。当前是如何满足顾客要求的？

特别是从竞争对手的角度看，他们当前做了哪些满足顾客的需求。重点研究已有的产品，或者是本企业、本厂家的，或者是竞争对手的。现在的产品已经实现了哪些功能？还有哪些地方有改进的机会？

第五步，生产工作任务书。如何使顾客的需求得到满足？

这一步很关键。我们在前四步的基础上，对这些需求做了分类评价，对以前的产品是如何满足这些需求的，也做了分类评价。基于这些情况，我们提出了产品改进的几个指标（笔芯设计、橡皮去污力等），这些指标都是可量化的。

第六步，工作任务书中顾客需求的关系。如何确定顾客需求？

有人会说，工作任务书就是按照顾客需求来的，可是只是按照顾客需求来的还不行，还要看它和顾客的需求到底是一个什么关系，它们的完成跟顾客满意度存在着决定性作用。根据工作任务书中的措施和顾客需求之间存在着微弱、较弱、一般、密切、非常密切的关系，分别用 1,3,5,7,9 来表示其关系度（2,4,6,8 介于其间）。这些数字代表了我们这一块的工作任务和顾客需求之间相关度怎么样。

第七步，设置工作目标。

我们已经在工作任务书中确定了改进指标，并且了解了各项指标与顾客需求之间的关系，现在我们需要做的实际上就是确定每个工作目标的值，用来评价经过产品改进之后，它的功能满不满足顾客的需要，满足需要的程度是怎样的。

这里有两个方面的举措：

①看看竞争对手是怎么满足顾客需求的（结合第四步）；

②确定新产品的指标。

然后我们的质量屋就进一步绘制。

第八步，确定工作需求之间的关系。

最后一步是完成质量屋的屋顶，我们已经对各项指标做出了质量改进方案，但是各项指标之间是否也存在一些关系呢？

关系基本分为三种：正相关、负相关和不相关。

因为只是简单的举例，所以我只选了几项表示了它们之间的相互关系，得出最终的质量屋，如图 4-7 所示。

我们通过以上八个步骤，不但把顾客的需求转化为我们设计的要求和工艺的要求，而且对我们的转化工作做了一个评价。

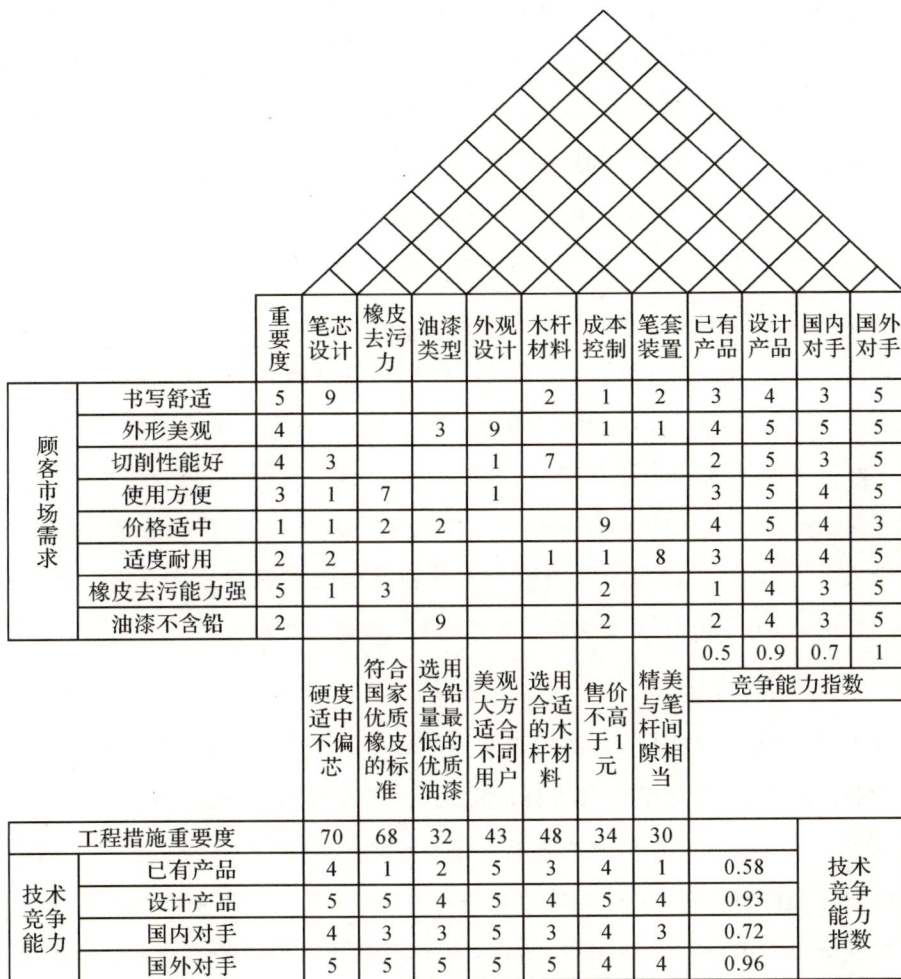

	重要度	笔芯设计	橡皮去污力	油漆类型	外观设计	木杆材料	成本控制	笔套装置	已有产品	设计产品	国内对手	国外对手
书写舒适	5	9				2	1	2	3	4	3	5
外形美观	4			3	9		1	1	4	5	5	5
切削性能好	4	3			1	7			2	5	3	5
使用方便	3	1	7		1				3	5	4	5
价格适中	1	1	2	2			9		4	5	4	3
适度耐用	2	2				1	1	8	3	4	4	5
橡皮去污能力强	5	1	3					2	1	3	3	5
油漆不含铅	2			9				2	2	4	3	5
									0.5	0.9	0.7	1
（顾客市场需求）		硬度适中不偏芯	符合国家优质橡皮的标准	选用含铅量最低的优质油漆	美观大方适合不同用户	选用适合的木杆材料	售价不高于1元	精美与笔杆间隙相当	竞争能力指数			

工程措施重要度	70	68	32	43	48	34	30		
技术竞争能力 已有产品	4	1	2	5	3	4	1	0.58	技术竞争能力指数
设计产品	5	5	4	5	4	5	4	0.93	
国内对手	4	3	3	5	3	4	3	0.72	
国外对手	5	5	5	5	5	4	4	0.96	

图 4-7　基于 QFD 的铅笔质量屋

六、质量屋的构造过程

（一）质量需求展开

顾客需求的获取是质量机能展开（QFD）过程中最为关键也是最难的一步。对象商品无论是既存改良型还是全新开发型，都必须充分地把握市场顾客要求。顾客关于商品的信息（要求），以文字形式进行的表述称为原始数据。而属性数据是指提出原始数据的顾客的特征（如年龄、性别等）。对于既存改良型产品，原始数据和属性数据是通过对顾客关于对象商品的要求,实施询问调查、面谈调查或通过收集来自顾客的投诉信息而得到的。对于全新开发型产品,因为直接从顾客处获得需求信息比较困难,必须建立市场需求的数据库进行解析,或利用市场营销领域中的方法,来把握市场潜在的需要。

原始数据和属性数据的收集可以通过询问调查、面谈调查等客户市场的调查,也可以活用顾客投诉、意见卡、公司内信息、行业新闻等信息,但最重要的是要有把握顾客真正需求的态度。为了获得更准确的原始数据,一方面,平时就应该用心积累各种信息,关注对什么信息应该怎样进行积累等问题;另一方面,思考需要时如何迅速地抽出必要的信息,也就是信息的管理也是非常重要的。另外,原始数据是否确实真实反映了顾客的需求,按照属性数据它是以怎样的途径发生的,这些情况的把握是获取顾客真正的需求的关键。在很多情况下,来自营销人员的信息已经过营销人员大脑的变换,而公司内推测的顾客需求很难说百分之百地代表了用户的心声。因此,为了得到顾客的原始要求,最好实施市场调查。

(二)质量需求的变换

运用以上调查方法从顾客那里获取到的原始数据,是顾客的真实需求反馈,具有意见、投诉、评价、希望等各种各样的形式,其内容方面也是多样的。需求中有对质量的需求,也有对价格、功能的需求。未经整理的原始数据杂而乱,因此,每次调查结束后,调查人员应及时对原始数据进行翻译、变换、整理。由于把原始数据直接变换成质量需求有一定的困难,所以,本书使用需求项目的概念,先从原始数据抽出需求项目,然后再将需求项目变换成质量需求。具体操作步骤如下。

(1)考察原始数据。对原始数据,以5W1H(Who,Where,When,Why,What,How)考察下列项目:①什么用户提及这个问题;②想象情景实例;③功能需求项目。

(2)抽出需求项目。以原始数据为基础,抽出需求项目,它的实施要领如下:①否定形式的表现也可以;②不问其抽象程度;③不拘于表现形式;④想到的就行;⑤不管什么都可以;⑥用自己的语言写下即可。

(3)需求变换。从需求项目变换成质量需求。

(4)质量需求的表述。

（三）质量特性展开

质量特性是指成为质量评价对象的特性、性能,是关于顾客真正需求的代用特性。通过将以顾客语言表达的质量需求转换成技术语言的质量特性,可以使抽象的顾客需要进行具体的产品化。如果对象商品是硬件商品或专业技术比较成熟,那么抽出的质量特性无论是量还是质一般都比较理想。但现实中有感性方面的特性,特别是对于服务这样的对象很难抽出可以计测的质量特性,为此,这里从质量需求抽出质量要素。质量要素是指评价质量的尺度,当这种尺度可以计测时就称为质量特性。在抽出质量要素时,考察、测定需求质量是否满足,在这个阶段,没有必要考虑构成产品的零部件的质量特性,只需要比较抽象的表现。

质量是评价商品是否满足使用目的的性质、性能的集合,商品的质量由质量特性构成。抽出质量特性就是将质量细分成质量特性,分解成构成质量的性质、性能。质量要素是大概念,质量要素中能够计测的要素称为质量特性,即明确测定方法、计量方法,通过计测进行数值化,并明确单位的才是质量特性。

（四）质量屋的构造

质量表即质量屋是把市场上抽象的语言信息变换成公司内部为了设计产品的具体的技术信息(质量特性)的一种表。它是由质量需求展开表与质量特性展开表组合而成的矩阵形状的二维表。质量屋(质量表)的名称也用于广义的质量屋(质量表),即广义的质量屋(质量表)是为了传达顾客需求的全部图表的总称。这里以狭义的质量屋(质量表)为中心叙述质量屋的构造方法。

（1）质量屋的构造步骤如下:

① 质量需求展开表的构作;

② 质量特性展开表的构作;

③ 将两者组合成二维表(矩阵);

④ 探讨对应关系,以◎、○、△符号记入。

（2）记入对应关系时的注意事项如下:

① 对每一对进行独立评判;

② ◎、○、△符号的意思分别是强相关、相关、弱相关;

③ 对于各项质量需求,至少有一个◎;

④ ◎不能集中于某一地方;

⑤ 没有过多地记入◎、○、△项目;

⑥ 不能仅在对角线上记入◎、○、△。

七、质量机能展开(QFD)的方法

当前,个性化产品已越来越成为市场需求的趋势,越来越多的顾客希望能按照他们的需求和偏好来生产产品。对于企业来说,质量的定义已经发生根本性的转变,即从"满足设计需求"转变为"满足顾客需求"。为了保证产品能为顾客所接受,企业必须认真研究和分析顾客需求,并将这些要求转换成最终产品的特征以及配置到制造过程的各工序上和生产计划中。这样的过程称作质量机能展开(QFD)。质量机能展开(QFD)最早在日本提出的时候有 27 个阶段 64 个工作步骤,即赤尾模式。被美国引进后,简化为 4 个阶段,即四阶段模式。

(一)赤尾模式

赤尾洋二提出的最初质量屋针对狭义的质量包含了 17 个工作步骤。实际中,客户希望在同等价格条件下,产品的功能越多越好,能满足的需求的能力越高越好。但作为企业要综合考虑行业的技术状况,企业自身的资源分配,生产成本和"可靠性"等问题。而如果顾客或者产品自身性质在产品的"可靠性"上有着较高的要求,则需要企业必须针对可靠性进行重点质量或技术的管理。而在新产品开发过程中,设计部门对产品质量和后期的质量成本担负着主要的作用,设计质量决定了后续 70% 的质量。因此,产品设计质量保证适应客户的"可靠性"的要求同时必须是设计部门的业务要求所能达到的。考虑到产品设计的复杂性,1983 年赤尾洋二等人归纳了包含 27 个阶段 64 个工作步骤的综合质量展开框架(赤尾模式)。其中包含有成为质量保证核心的质量、技术、成本和可靠性展开等内容。但是这种综合式的步骤复杂,专业性强,操作困难等,所以对其研究和应用的范围不是很广。

(二)四阶段模式

四阶段模式是美国供应商协会提倡的四阶段展开方法。它从顾客需求开始,经过 4 个阶段用 4 个矩阵,得出产品的工艺和生产(质量)控制参数。这 4 个阶段

分别是：

（1）产品规划阶段。通过产品规划矩阵（质量屋），它将顾客需求转换为质量特性（产品特征或工程措施），并根据顾客竞争性评估（从顾客的角度对市场上同类产品进行的评估，通过市场调查得到）和技术竞争性评估（从技术的角度对市场上同类产品的评估，通过试验或其他途径得到）结果确定各个质量特性（产品特征或工程措施）的目标值。

（2）零件规划阶段。利用前一阶段定义的质量特性（产品特征或工程措施），从多个设计方案中选择一个最佳的方案，并通过零件规划矩阵将其转换为关键的零件特征。

（3）工艺规划阶段。通过工艺规划矩阵，确定为保证实现关键的质量特性（产品特征）和零件特征所必须保证的关键工艺参数。

（4）生产规划阶段。通过生产控制矩阵将关键的零件特征和工艺参数转换为具体的生产（质量）控制方法或标准。根据下一道工序就是上一道工序的"顾客"的思路，四阶段模式从产品设计到生产的各个过程均建立质量屋，各阶段的质量屋有内在的联系。在此模式中，上一阶段的质量屋"天花板"的主要项目将转换为下一阶段质量屋的"左墙"，上一步的输出就是下一步的输入，构成瀑布式分解过程。QFD 的展开要将顾客的需求逐层分解，直至可以量化。同时采用矩阵（也称为质量屋）的形式，将顾客需求逐步展开、分层地转换为质量特性、零件特征、工艺特征和生产（质量）控制方法。

（三）组织实施

为了理解质量机能展开（QFD）的过程，实习体验不失为一种有效的方法。因此，质量机能展开（QFD）的组织实施工作一般可以按下列程序进行：

（1）参加 QFD 培训，实习体验质量屋的构造过程。在培训中学习质量机能展开（QFD）理论、方法及应用实例，同时，以照相机或电气商品等身边的商品作为题目，进行模拟实习，体验质量表的构造过程。

公司一般可以派遣质量机能展开（QFD）推进组织或项目组的成员参加培训，而受训者会有意识地收集一些资料，以便回到公司后能对内容进行说明。代表性的培训内容如下：①用户需求的把握（通过询问调查收集原始数据）；②原始数据变换成质量需求,构作质量需求展开表;③从质量需求抽出质量要素,构作质量要素展开表;④将2个表组合(矩阵化),构造质量屋(质量表);⑤评判质量需求重要度,设定计划质量;⑥从计划质量设定设计质量。

(2)QFD推进组织的成立。高层领导的强有力支持无疑对成立质量机能展开(QFD)推进组织是必要的。质量机能展开(QFD)推进组织、项目小组一般由5—7名人员组成。质量机能展开(QFD)推进在各阶段所需要的人才是不同的。首先,在用户需求收集阶段,期待有质量机能展开(QFD)基础知识的人和精通服务现场的人,以及具有问题意识的人;而在质量需求变换阶段需要语言知识丰富的人;然后在质量要素抽出阶段需要具有质量特性方面知识的人;最后,在计划质量设定阶段需要具有全局观点和能从长远利益考虑问题的人。

(3)公司内部QFD培训的实施。聘请质量机能展开(QFD)专家进行公司内部培训,一般包括实习部分在内,安排2天课程。一个班参加人数为8—10人,再分成2组进行实习,这样教和学两个方面都比较容易开展。此后的工作根据公司规模等有所不同,如果优先在计划、设计、涉外部门实施,效果会更好。

(4)公司QFD题目的选定。以公司内部参加质量机能展开(QFD)培训的人员为中心,提出本部门的课题并试作质量表。这时尽量选择比较小而具体的题目。对于全体(整体)的问题,如营业额向上(增加)、产品质量的改善、工作服务质量的提高等重要课题当然是想早日解决。但如果对象比较抽象而且比较大,那么,质量需求的调查等工作量就比较大,一般不希望作为最初的题目。具体化的题目更容易操作,也就是说,改善的对象以具体的、明确的项目为好。

(四)QFD的应用时机

在消费者主导的经济社会中,顾客永远是正确的。为了从众多的竞争对手中脱颖而出,应用QFD是一种有效的途径。但企业在什么时候导入为好呢?质量管理专家、学者历经30多年,总结出了如下的QFD应用时机:①顾客抱怨;②过多的救火作业,例如重新设计,大幅修改方案;③部门间沟通欠佳,问题常发生在灰色界面地带;④没有适当合理的资源分配方法;⑤作业过程中缺乏明确且合理的文件;⑥潜在的客户与市场有待开发;⑦需要持续改善;市场占有率持续下降。

(五)QFD 应用的注意事项

QFD 作为一种强有力的工具被广泛用于各领域。它带给我们最直接的益处是缩短周期、降低成本、提高质量。用好这一工具,在实际应用中大体有以下四个方面需要注意:

(1)质量屋的结构可以剪裁和扩充。从质量屋图中可以看出,质量屋的结构要素各个阶段大体通用,但根据具体情况,每个阶段可以适当剪裁和扩充。

(2)QFD 的阶段和步骤可以剪裁和扩充。不是所有的质量机能展开过程都需要严格地按照上述四阶段模式的 4 步分解或按照赤尾模式的 64 步工作步骤进行。根据具体的情况,QFD 的阶段和步骤可以剪裁和扩充。

例如,若产品计划阶段质量屋中关键的质量特性(产品特征或工程措施)不够具体和详细,可能需要在进行零部件展开前增加一层质量屋。反之,若产品计划阶段质量特性(产品特征或工程措施)对于过程计划阶段已足够详细,则可省略产品设计阶段质量屋。

(3)质量屋的规模不宜过大,以便于操作。

(4)QFD 各阶段质量屋的建造要遵循并行工程的原则。要特别指出,各阶段的质量屋必须按照并行工程的原理在产品方案论证阶段同步完成,以便同步地规划产品在整个开发过程中应该进行的所有工作,确保产品开发一次成功。

第五章　质量管理工具 FMEA 的应用

第一节　FMEA 工具的应用

一、FMEA 工具的理论介绍

故障模式影响分析（Failure Mode and Effects Analysis，FMEA）是分析系统中每一产品所有可能产生的故障模式及其对系统造成的所有可能影响，并按每一个故障模式的严重程度、检测难易程度及发生频率予以分类的一种归纳分析方法。通过实施 FMEA，能够在产品的开发初期发现设计或制造的不足，提出对策改善，缩短项目时间，降低项目成本，降低产品投入市场后的失效风险。其作用主要有两点：其一，能够相对容易、低成本地对产品或过程进行修改，从而减轻事后修改的不良影响；其二，能够找到避免或减少这些潜在失效发生的措施。

硬件 FMEA 技术起源于美国军方。20 世纪 50 年代初，美国 Grumman 公司第一次将 FMEA 的思想用于对螺旋桨飞机操作系统向液压机构的改进过程的设计分析，作为一种可靠性分析的技术用来确定系统和装备失效带来的影响，取得了很好的效果。到了 60 年代中期，FMEA 技术正式用于航天工业，并于 1960 年应用于阿波罗任务。1976 年，美国国防部颁布了 FMEA 的军用标准，但仅限于设计方面。70 年代末，FMEA 技术开始进入汽车工业和医疗设备工业。80 年代初，进入微电子工业。80 年代中期，美国汽车公司开始正式把 FMEA 技术纳入其产品发展进程，克莱斯勒汽车公司、福特汽车公司和通用汽车公司共同制定了 QS9000 标准，作为供货商质量的衡量标准。QS9000 标准要求在汽车的质量规划和质量控制过程中必须使用 FMEA 技术。到了 1988 年，美国联邦航空局发布通报要求所有航空系统的设计及分析都必须使用 FMEA。1991 年,ISO9000 推荐使用 FMEA 提高产品和过程设计的质量。1994 年,FMEA 又成为 QS9000 的认证要求。如今,FMEA 已在工程实践中形成了一套科学而完整的分析方法。

目前,很多国家都已将 FMEA 技术编入了军用标准和国家标准。美国国防部在 1980 年制定了 MIL-STD-1629A 标准,主要用于航空业和国防建设,规定了执行故障模式、影响和危害度分析的要求和程序。SAE J1739 标准提出了失效模式危害性等级标准,被美国的汽车公司用来确定失效模式,进行过程失效模式分析。国际电工技术委员会在 1985 年制定的 IEC 60812 标准提供了如何使用失效模式的风险分析工具来完成对目标的分析的指导方法。

学术界对 FMEA 的研究始于 20 世纪 60 年代,那时对构件失效影响的研究扩展到了它对整个系统的影响,其中,纽约科学院给出了一个最早的 FMEA 的正式实施方案。在 60 年代晚期和 70 年代,一些科学家发表了关于实施这种分析的正式流程。这种分析方法的普适性促进了 FMEA 方法在不同领域的应用。软件失效模式和影响分析的概念首先是由 Reifer 正式提出的,他认为 FMEA 可用于软件需求分析阶段的风险分析和可行性研究,风险分析是用于识别失效模式及其造成的后果,可行性研究用于研究对这些失效模式应当采取的防护措施。

近年来,国内的电子科技大学、航天科工集团、北京航空航天大学、国防科技大学等单位已对软件 FMEA 的工程应用方法进行了初步研究。

二、FMEA 的分类

由于产品故障可能与设计、制造过程、使用、承包商/供应商及服务有关,FMEA 又细分为如下几类。

(1)DFMEA:设计 FMEA。

设计 FMEA(也记为 DFMEA)应在一个设计概念形成之时或之前开始,并且在产品开发各阶段中,当设计有变化或得到其他信息时及时不断地修改,并在图样加工完成之前结束。其评价与分析的对象是最终的产品及每个与之相关的系统、子系统和零部件。需要注意的是,DFMEA 在体现设计意图的同时还应保证制造或装配能够实现设计意图。因此,虽然 DFMEA 不是靠过程控制来克服设计中的缺陷,但其可以考虑制造/装配过程中技术的/客观的限制,从而为过程控制提供了良好的基础。进行 DFMEA 有助于：

①设计要求与设计方案的相互权衡；

②制造与装配要求的最初设计；

③提高在设计/开发过程中考虑潜在故障模式及其对系统和产品影响的可能性；

④建立一套改进设计和开发试验的优先控制系统；

⑤为将来分析研究现场情况、评价设计的更改及开发更先进的设计提供参考。

(2)PFMEA：过程 FMEA。

过程 FMEA（也记为 PFMEA）应在生产工装准备之前、在过程可行性分析阶段或之前开始，而且要考虑从单个零件到总成的所有制造过程。其评价与分析的对象是所有新的部件/过程、更改过的部件/过程及应用或环境有变化的原有部件/过程。需要注意的是，虽然 PFMEA 不是靠改变产品设计来克服过程缺陷，但它要考虑与计划的装配过程有关的产品设计特性参数，以便最大限度地保证产品满足用户的要求和期望。

PFMEA 一般包括下述内容：

①确定与产品相关的过程潜在故障模式；

②评价故障对用户的潜在影响；

③确定潜在制造或装配过程的故障起因，确定减少故障发生或找出故障条件的过程控制变量；

④将制造或装配过程文件化。

(3)EFMEA：设备 FMEA。

设备 FMEA（也记为 EFMEA）通过对设备失效严重度（S）、发生率（O）和探测度（D）进行评价，计算出 RPN 值（风险优先度，RPN＝O×D×S）。严重度 S 是评估可能的失效模式对于设备的影响，10 为最严重，1 为没有影响；发生率 O 是特定的失效原因和机理多长时间发生一次及发生的概率，如果为 10，表示几乎肯定要发生，如果为 1，则表示基本不发生。探测度 D 是评估设备故障检测失效模式的概率，如果为 10，表示不能检测，如果为 1，则表示可以被有效地探测到。RPN 最坏的情况是 1000，最好的情况是 1。根据 RPN 值的高低确定项目，推荐出负责的方案及完成日期,这些推荐方案的最终目的是降低一个或多个等级。对一些严重问题虽然 RPN 值较小但同样考虑拯救方案,如:一个可能的失效模式影响具有风险等级为 9 或 10,则说明一个可能的失效模式或事件发生及严重程度很高。

20 世纪 60 年代以前,人们普遍认为,大部分设备及组件,随着时间的推移,在一个相对稳定的时期之后,失效的概率变大。这种故障模式为"A 型",显示故障随时间变化的可能性。奇怪的是,航空和军工行业广泛研究发现,与时间有关的故障占所有故障的 20%。这包括类型 A、B 和 C 的故障模式。设备或组件本质上是随机的失效模式反而更加突出,占大约 80% 的故障。这些类型包括 D、E 和 F。所有故障模式类型可归纳如下:

模式 A:当设备或组件接近预期的工作年龄,经过一段随机的故障,失效的可能性大幅增加。模式 B:俗称"浴盆曲线",这种失效的模式与电子设备尤其相关。初期,有较高失效的可能性,但这种概率逐渐减小,进入平缓期,直到设备或组件的寿命快结束时,故障概率变大。模式 C:这种模式显示随时间增长设备或组件失效的可能性。这种模式可能是持续的疲劳所致。模式 D:除最初的磨合期,在此期间,失效的概率相对较低。这表明设备或组件的失效可能性在寿命期内是相同的。模式 E:设备或组件的失效可能性在寿命期内是相同的,与时间无关。模式 F:相比于"浴盆曲线",该模式初期故障率较高。之后与 D/E 两种随机模式相同。

(4)SFMEA:体系 FMEA。

System Failure Mode and Effects Analysis,SFMEA。国内常称 SFMEA 为"软件 FEMA",即"软件失效模式和影响分析"。该方法是对软件进行可靠性分析,特别是对软件失效模式和影响分析(SFMEA)方法的技术特点、适应性进行了分析;该方法阐述了软件可靠性测试和软件可靠性管理的主要内容。这种解释在我国很流行,但美国版 FMEA 根本没有把软件 FMEA 从 FMEA 中独立出来,软件部分仍然按照 DFMEA 执行。

三、FMEA 活动目的

FMEA 可以描述为一组系统化的活动,其目的是:认可并评价产品/过程中的潜在失效及该失效的后果;确定能够消除或减少潜在失效发生机会的措施;将全部过程形成文件。

在进行 FMEA 时有三种基本的情形,每一种都有其不同的范围或关注焦点。

情形 1:新设计、新技术或新过程。FMEA 的范围是全部设计、技术或过程。

情形 2:对现有设计或过程的修改(假设对现有设计或过程已有 FMEA)。FMEA 的范围应集中于对设计或过程的修改,由于修改可能产生的相互影响及现场和历史情况。

情形 3:将现有的设计或过程用于新的环境、场所或应用(假设对现有设计或过程已有 FMEA)。FMEA 的范围是新环境或场所对现有设计或过程的影响。

第二节　FMEA 工具的应用及案例

QS9000,ISO/TSI6949,ISO9001,TL9000,ISO14001,OHSAS18001 等管理体系中都有涉及"预防措施"。依据"ISO9001:2008 质量管理体系基础和术语"的定义,"预防措施"是指"为消除潜在不合格或其他潜在不期望出现的情况而采取的措施",或者简单地定义为:采取预防措施是为了防止发生。在企业实际的管理体系运作中,虽然都会去编制一份有关"预防措施"的形成文件的程序,但真正可以达到预见性地发现较全面的潜在问题通常存在较大难度,也就是说,这样作业的可操作性不强;取而代之的主要是"纠正措施"。但"纠正措施"与"预防措施"是两个不同的概念,"纠正措施"是为了防止同样的问题再次出现所采取的措施。为能有效地实施"预防措施",使可能存在的潜在问题无法出现,需要一个从识别问题到控制潜在影响的管理系统,对于这一点,各企业都可能制订各自不同的方法以对应,这些方法也许都是适用的;但这里所要介绍的是一种行之有效且便于操作的制订和实施"预防措施"的方法,即:美国三大车厂(戴姆勒-克莱斯勒、福特、通用)制订的"潜在失效模式及后果分析",或简称为 FMEA。

FMEA 于 2002 年推出第 3 版本,该第 3 版本较第 2 版本更具备简便的可操作性。FMEA 在汽车零组件生产行业已被广泛地应用,同时这也是美国三大车厂对所属供应商的强制性要求之一。2008 年 6 月推出第 4 版,变动包括:格式更易于阅读;手册内增加的示例使人更易于理解和使用 FMEA;强调 FMEA 过程和结果需要管理者支持、关注和评审;定义并强化对 DFMEA 和 PFMEA 的联系的理解,同时也定义和其他工具的关联；改进了严重度、发生频度、探测度的评级表；介绍了行业内目前使用的可选方法，如不再强调"标准表格"；建议不把 RPN 作为风险评估的首要方法。

FMEA 事实上就是一套严密的识别、控制、提高的管理过程；其不仅可应用于汽车零组件行业，也可应用于任何期望能严格控制潜在问题出现的行业，尤其是产品（或服务）质量的好坏可能会极大影响到顾客利益的领域。

FMEA 是由美国三大汽车制造公司（戴姆勒-克莱斯勒、福特、通用）制订并广泛应用于汽车零组件生产行业的可靠性设计分析方法。其工作原理为：①明确潜在的失效模式，并对失效所产生的后果进行评分；②客观评估各种原因出现的可能性，以及当某种原因出现时企业能检测出该原因发生的可能性；③对各种潜在的产品和流程失效进行排序；④以消除产品和流程存在的问题为重点，并帮助预防问题的再次发生。

有关 FMEA 原理的应用主要体现在美国三大汽车制造公司制订的《潜在失效模式和后果分析》表格中。该表的内容包括以下几个方面：

①功能要求，即填写被分析过程（或工序）的简要说明和工艺描述；

②潜在失效模式，即记录可能会出现的问题点；

③潜在失效后果，即推测问题点可能会引发的不良影响；

④严重度（S），即评价上述失效后果并赋予分值（1—10 分，不良影响愈严重分值愈高）；

⑤潜在失效的起因或机理，即潜在问题点可能出现的原因或产生机理；

⑥频度（O），即上述潜在失效的起因或机理出现的概率（1—10 分，出现的概率愈大分值愈高）；

⑦先行控制，即列出目前该企业对潜在问题点的控制方法；

⑧探测度（D），即在采用现行的控制方法实施控制时，潜在问题可被查出的难易程度（1—10，查出难度愈大分值愈高）；

⑨风险顺序数（RPN），即严重度、频度、探测度三者得分之积，其数值愈大潜在问题愈严重，愈应及时采取预防措施；

⑩建议措施，即列出"风险顺序数"较高的潜在问题点，并制订相应预防措施，

以防止潜在问题的发生；

⑪责任及目标完成日期，即制订实施预防措施的计划案；

⑫措施结果，即对预防措施计划案实施状况的确认。

从上述内容不难看出，FMEA 实际是一组系列化的活动，其过程包括：找出产品或过程中潜在的故障模式；根据相应的评价体系对找出的潜在故障模式进行风险量化评估；列出故障起因或机理，寻找预防或改进措施。FMEA 原理的核心是对失效模式的严重度、频度进行风险评估，通过量化指标确定高风险的失效模式，并制订预防措施加以控制，从而将风险完全消除或减小到可接受的水平。因此FMEA 原理不仅适用于汽车零配件生产企业的质量管理体系，也可应用于其他类似管理体系。8D 与 FMEA 都是通过制订改善对策提升系统可靠性的方法，两者的区别在于 8D 是对已经发生的问题的改进，是事后弥补，FMEA 着眼于问题发生前，是事前防范人。

故障模式、影响、分析模块其核心部分是对特定系统进行分析研究，确定怎样修改系统以提高整体可靠性，避免失效。为了准确计算失效的危害性，在分析时，FMEA 提供了系统化的处理过程，自动编制 FMEA 任务，包括确定所有可能失效的零部件及其失效模式，确定每一种失效模式的局部影响、下一级别的影响及对系统的最终影响，确定失效引起的危害性，确定致命失效模式以消除或减少发生的可能性或剧烈程度。为了方便大家理解，笔者将举一个通俗易懂的例子，如表 5-1、表5-2 所示。

表 5-1　DFMEA 示例（约会）

(1) 项目名称	(2) 过程责任部门	(3) FMEA 编号			
张小辉第 999 次约会		FMEAWANG999	页码 1	共 2 页	页
(4) 关键日期	(5) 编制				
2000 年 8 月 16 日	杨有才				

(6) 核心小组：策划一个相根见晚的约会，取得一见钟情的效果　王媒婆　张小辉等人

(7) FMEA 编制日期：2000 年 7 月 8 日　修订日期：

(8) 设计功能要求	(9) 潜在失效模式	(10) 潜在失效后果	(11) 级别	严重度	(12) 潜在失效起因/机理	(13) 频度	(14) 现行设计控制	探测度	(15) 风险顺序数	(16) 建议措施	(17) 责任及目标完成日期	(18) 采取的措施	(19) S	(20) O	(21) D	(22) RPN
风度翩翩的仪表	太丑	影响好感		8	眼睛小	4	戴时尚墨镜，穿鳄鱼牌皮鞋，配黑西装、棕色衬衫	3	96							
					个子矮	7		8	448	穿步步高牌皮鞋，补钙增高	池永辉/8 月 15 日前		5	2	5	50
					皮肤太黑	3		6	144	涂迷你型奶油增白霜	池永辉/8 月 15 日前					
					身体太胖	5		6	240	执行束身包扎，进行瘦身运动	池永辉/8 月 15 日前					
衣着不得体	衣着不得体	影响形象		5	颜色搭配不当	8	戴时尚墨镜，穿鳄鱼牌皮鞋，配黑西装、棕色衬衫	6	240	穿休闲棕色西服	张小辉/8 月 16 日前					
					不符合身份	2		5	50	None	帅哥/8 月 15 日前借给池永辉					
					衣着不够档次	8		5	200	时尚的国际名牌西服	帅哥/8 月 15 日前借给池永辉					
					不符合对方的审美观	7		7	245	根据情妹 8 月 10 日前提供的审美观及时调整服装	情妹/8 月 10 日前提供审美观及池永辉/8 月 15 日前执行调整					

续表

(1)项目名称	(2)过程责任部门	(3)FMEA编号	
张小辉第999次约会	王媒婆	FMEAWANG999	页1 共2 页
	(4)关键日期	(5)编制	修订日期
	2000年8月16日	杨有才	2000年7月8日
(6)核心小组	张小辉等人	(7)FMEA编制日期	

策划一个相根见晚的约会，取得一见钟情的效果

(8)设计功能要求	(9)潜在失效模式	(10)潜在失效后果	(11)严重度	(11)级别	(12)潜在失效起因/机理	(13)频度	(14)现行设计控制	探测度	(15)风险顺序数	(16)建议措施	(17)责任及目标完成日期	(18)采取的措施	(19)S	(20)O	(21)D	(22)RPN
风度翩翩的仪表	举止不良	影响第一印象	8		不良的习气如扣鼻子/摸耳朵	9	尽量控制/别人提醒	4	368	克服坏习惯	张小辉/8月10日前					
	没有幽默感	影响约会气氛	5		太紧张	8	帅哥/倩妹左右护驾解围	3	120	None						
谈吐幽默					不符合对方的欣赏水平	7	倩妹卧底为张小辉做参谋	6	210	制订5套应急方案	帅哥/倩妹/王媒婆8月10日前	制订15套应急方案	7	1	4	28
有品位	俗气,无味,无聊	影响第一印象	8	CC	不良的口头禅	8	尽量控制/别人提醒	4	256	克服坏习惯	张小辉/8月10日前					
	展现失败				内容安排不当	3	时尚笑话	3	72							
					表达方式不当											

表5-2 DFMEA示例（约会）

(1)项目名称	(2)过程责任部门	(3)FMEA编号		
张小辉第999次约会	王媒婆	FMEAWANG999		
(4)关键日期	2000年8月16日	页码	页 共 2 页	
策划一个相根见晚的约会,取得一见钟情的效果				
(6)核心小组 张小辉等人		(5)编制 杨有才		
		(7)FMEA编制日期 2000年7月8日	修订日期	

(8)设计功能要求	(9)潜在失效模式	(10)潜在失效后果	严重度	(11)级别	(12)潜在失效起因/机理	(13)频度	(14)现行设计控制	探测度	(15)风险顺序数	(16)建议措施	(17)责任及目标完成日期	(18)采取的措施	(19)S	(20)O	(21)D	(22)RPN
非凡的文化品位	体现不出高尚的品位	不能增进好感	7		才疏学浅,肚里没货	3	借题发挥,展现所长	10	210	多阅读名著,提高修养水平	张小辉/8月15日前					
					表达方式不当	6	自吹自擂	7	295	第三方宣传造势	帅哥/倩妹/王媒婆8月10日前					
					展现的时机不当	7	填鸭式轰炸	5	245	互动性交谈,以对方为中心,灵活进行	张小辉/8月15日前					
有保障的经济基础	经济基础差	影响婚姻成败	9		没有足够住房	6	住三室一厅的套房	3	162	父母搬出去住	父母/8月前					
					没有一定数额存款	4	存款数额超过四位	2	72	None						
					没有丰厚的收入	2	尽量回避收入	4	72	None						
	经济没有保障	影响婚姻成败	9		工作没有保障	5	尽量回避收入	6	270	兼职/配手机/手提电脑	张小辉/8月10日前					
					职业低下(清洁公司)	7	以经理身份出现	5	315	以清洁公司股东身份出现	王媒婆8月10日前					

续 表

(1)项目名称	(2)过程责任部门				(3)FMEA编号 FMEAWANG999						
张小辉第999次约会	(4)关键日期 2000年8月16日				页码 1 共 2 页						
	王媒婆				(5)编制 杨有才						
策划一个相根见晚的约会·取得一见钟情的效果											
(6)核心小组	张小辉等人				(7)FMEA编制日期 2000年7月8日			修订日期			
(8)设计功能要求	(9)潜在失效模式	(10)潜在失效后果	严重度	(11)级别	(12)潜在失效起因/机理	(13)频度	(14)现行设计控制	探测度	(15)风险顺序数	(16)建议措施	(17)责任及目标完成日期	(18)采取的措施	(19)S	(20)O	(21)D	(22)RPN
值得付托终身的品质	感觉不可靠				油嘴滑舌,有"花心"的迹象	6	少说多听	5	270	克服坏习惯	张小辉/8月10日前					
		影响婚姻成败	9		举止轻浮,动手动脚	7	尽量克制	8	504	克服坏习惯	张小辉/8月10日前					
					有"前科"记录,有暴力行为	2	尽量回避·轻描淡写	2	36	None	张小辉/8月10日前					
					不学上进炉忌猜疑心强	3	避重就轻·多谈成功之处	2	54	None						
	不良习气	影响婚姻成败	7		曾吃喝嫖赌样样精通	6	明确声明"立场"	6	288	克服坏习惯	张小辉/8月10日前					
					好吃懒做	4	解释"误会"	5	140	第三方赞扬其勤快会做家务等	帅哥/情妹/王媒婆8月10日前					

第六章　其他质量管理工具介绍

第一节　DOE 概述

一、DOE 的简介

实验设计（Design of Experiment，DOE），是为产品开发确定的一系列充分而全面的实验测试的一种方法。DOE 概念是在 20 世纪 20 年代由费雪（Ronald Fisher）在农业试验中首次提出。后广泛地应用于各个领域当中，以提高产品的质量。美国汽车工业标准 QS9000"质量体系的要求"中已将实验设计列为必须应用的技术之一。在制造行业，应用 DOE 分析在产品加工过程中，如何通过控制关键因素来提高产品加工质量。在产品设计方面可以通过 DOE 进行参数设计，即现代设计方法中的健壮设计。

国外企业对于 DOE 的应用早已大规模开始，如美国佐治亚宇航设计中心等顶级设计单位在开发导弹、战斗机等绝密武器系统的时候，均使用了定制设计（Customer Design）。诸如惠普、英特尔等民用领域公司则在产品研发和质量提升阶段都使用了高级试验设计方法。此外，实验设计已经大量应用于计算机模拟分析中。为了能够方便快捷地进行仿真试验研究，不同的实验设计分析软件相继问世。目前国内比较有代表性的实验设计分析软件是 Isight。Isight 平台较为全面的分析模块可以针对不同的设计空间进行设计参数的筛选，通过辨别关键设计变量之间的交叉影响关系进一步评估设计变量的影响。正交设计、全因子设计、中心复合设计和参数研究是 Isight 目前主要的技术研究手段。其后处理包括灵敏度分析、主效应计算、相关效应计算、Pareto 因素贡献分析等。随着国内经济的发展和行业竞争力的提高,DOE越来越多地被国内产学研领域所接受,同时在学术界和企业界均获得了崇高的声誉。

二、实验设计法的主要原则

现代科学技术日新月异,新产品层出不穷,在激烈的市场竞争中,能否不断开发出物美价廉、适合用户需要的新产品是工业企业要认真研究的重大问题。

日本学者田口玄一(Genichi Taguchi)首先将实验设计法成功地应用于新产品的开发设计,使实验设计法的理论和实践上升到一个新的高度,受到世界各国的瞩目。对于一些复杂的电子、机械产品,利用实验设计法合理选择元器件或零部件的参数,可以大大改善产品功能目标值的稳定性,也即所谓稳健性设计(Robust Design),达到既提高产品的固有质量水平,又降低产品成本的目的。

一个设计的实验是一个试验或一系列试验,它对一个过程或系统的输入变量做一些有目的的改变(调整质量特征值的水平),以便能够观察到和识别出引起输出响应变化的缘由。应用实验设计这一工具,就能对实验进行合理安排,对实验结果进行科学的分析,以较小的实验规模(实验次数),较短的实验周期和较低的实验成本,获得理想的实验结果和正确的结论。实验设计的三个基本原则是重复性、随机化以及区组化,通常称为费雪三原则:

(1)重复性(Repetition)原则是指基本实验的重复进行。所以重复试验的第一个目的就是可以得到比较精确的实验结果。其次,在实验过程中,总会不可避免地出现由偶然性原因而造成的随机误差(Random Error),而通过重复实验,则可以在进行方差分析时定量地将误差成分的影响计算出来,进而客观地评价实验结果。

(2)随机化(Randomization)原则是实验设计使用统计方法的基石。在实验中,人为地有次序安排试验往往会引起系统性误差。通过随机化,它可以最大限度地将系统误差(Systematic Error)转变为随机误差。随机化要求实验材料的分配和各个试验进行的次序都是随机确定的,观察值是独立分布的随机变量。

(3)区组化(Blocking)原则也是用来提高试验的精确度的一种方法。它是将实验对象按照某种水平或标准加以分组,同一组内的试验尽量保证受同样的影响。同整个实验相比,一个区组内的性质应该更为类似,因而,可以降低抽样的样本数,同时提高了实验的精确度。在进行实验设计时,Montgomery推荐以下步骤:

①问题的识别。即确认需要实验的问题。

②因素和水平的选择。实验者必须选择在实验中准备变化的因素，这些因素变化的范围，以及在做实验时对这些因素规定的水平。

③响应变量的选择。在选择响应变量时，实验者应该确信这一个变量真正会对所研究的过程提供有用的信息。

④实验设计的选择。主要涉及考虑样本量（重复次数），合适的试验次序，是否划分区组等。

⑤进行实验。

⑥数据分析。在实际应用上，JMP，Minitab 等软件都是很好的分析工具。

⑦结论和建议。继续跟踪试验和确认试验，以证实实验所得结论的准确性是在实验结束后不可忽略的步骤。

集成的作用显而易见，就是将原来独立运行的多个单元系统组成一个协同工作的、功能更强的新系统。这个新系统既重视其组成，更强调各成分互相之间的协同。因此，集成不是简单的联结，是经过统一规划设计，分析原单元系统的作用和相互关系并进行优化重组而实现的。对于质量工具的集成，其目的和关键是使产品生命周期的各个阶段——从设计、制造、销售到使用——分享同样的产品特征和功能。具体地说，就是：

①集合在产品生命周期各个阶段分别使用的各种质量改进工具的作用，使每一个质量活动对产品全生命周期的所有相关阶段开放，达到信息资源的充分共享；

②综合使用各种质量改进工具，使得各种功能交互的工具协同工作，取长补短，发挥集成的优势；

③从产品全生命周期的角度使用质量工具，不是为了使用而使用，而是以整个产品的最大利益为标准来衡量各种工具的使用价值和发挥它们的作用，从而提高产品从开发到生产、销售的总体质量水平。

上述三层质量工具集成的含义分别对应着信息集成、功能集成和过程集成，体现了企业建立集成的质量工具系统的顺序和方向。

指定经营实体（Designated Operational Entity）是 EB 批准的独立的第三方审定/核查机构，负责对 CDM（清洁发展机制）项目审定或核查等职能。审定就是对申请的项目进行定性评估,判断这个项目符合不符合 CDM 的要求;所谓核查就是对申请的项目进行定量评估,判断这个项目产生了多少温室气体减排量。

通常,一个 CDM 项目的审定环节和核查环节,必须由不同的 DOE 来完成,这样是为了保证 DOE 的公正性。

以 PDD 为主要依据,对所建议的 CDM 项目进行审定;出具审定报告,并提交 EB,申请对 CDM 项目注册;以项目的监测计划等为基础;核查项目的温室气体减排量;在核查的基础上,出具核证报告,并提交 EB,申请向项目签发 CERS。

指定经营实体在质量控制的整个过程中扮演了非常重要的角色,它是我们产品质量提高、工艺流程改善的重要保证。实验设计已广泛运用在从航天业到一般生产制造业的产品质量改善、工艺流程优化方面。通过对产品质量、工艺参数的量化分析,寻找关键因素,控制与其相关的因素。根据实际需求,判别与选择不同的实验设计种类,设计你的实验步骤,发现如何控制各种影响因素,以最少的投入,换取最大的收益,从而使产品质量得以提升,工艺流程最优化。

通常,在 CDM 项目中,DOE 的职能就是要对 CDM 项目进行定性的"审定(Validation)"和定量的"核查(Verification/ Certification)"。

实际上,DOE 在 CDM 项目运作过程中非常关键,它直接决定了一个 CDM 项目能否成功注册、产生的温室气体减排量能否获得签发及签发多少。

三、DOE 的方法及用处

常见的试验设计方法,可分为两类,一类是正交试验设计法,另一类是析因法。

(1)正交试验设计法:正交试验设计法是研究与处理多因素试验的一种科学方法。它利用一种规格化的表格——正交表,挑选试验条件,安排试验计划和进行试验,并通过较少次数的试验,找出较好的生产条件,即最优或较优的试验方案。

正交试验设计法主要用于调查复杂系统(产品、过程)的某些特性或多个因素对系统(产品、过程)某些特性的影响,识别系统中更有影响的因素、其影响的大小,以及因素间可能存在的相互关系,以促进产品的设计开发和过程的优化、控制或改进现有的产品(或系统)。

(2)析因法:析因法又称析因试验设计、析因实验等。它是研究变动着的两个或多个因素效应的有效方法。许多试验要求考察两个或多个变动因素的效应。例如,若干因素:对产品质量的效应;对某种机器的效应;对某种材料的性能的效应;对某一过程燃烧消耗的效应等。

DOE 的用处如下:

(1)科学合理地安排实验,从而减少实验次数、缩短实验周期,提高了经济效益;

(2)从众多的影响因素中找出影响输出的主要因素;

(3)分析影响因素之间交互作用影响的大小;

(4)分析实验误差的影响大小,提高实验精度;

(5)找出较优的参数组合,并通过对实验结果的分析、比较,找出达到最优化方案进一步实验的方向。

DOE 还具有如下作用:

(1)提高产量;

(2)减少质量的波动,提高产品质量水准;

(3)大大缩短新产品试验周期;

(4)降低成本;

(5)试验设计延长产品寿命。

第二节　TRIZ 的介绍

TRIZ 理论创始人根里奇·阿奇舒勒(Genrikh Altshuller)于 1926 年 10 月 15 日出生在塔什干(Tashkent),于 1998 年 9 月 24 日在俄罗斯彼得罗扎沃茨克逝世,苏联工程师、发明家、科学家、记者和作家。

一、TRIZ 理论的创立与发展

TRIZ 理论是阿奇舒勒在 1946 年创立的,阿奇舒勒也被尊称为 TRIZ 之父。1946 年,阿奇舒勒开始了发明问题解决理论的研究工作。当时阿奇舒勒在苏联里海海军的专利局工作,在处理世界各国著名的发明专利过程中,他总是考虑这样一个问题:当人们进行发明创造、解决技术难题时,是否有可遵循的科学方法和法则,从而能迅速地实现新的发明创造或解决技术难题呢? 答案是肯定的! 阿奇舒勒发现任何领域的产品改进、技术的变革、创新和生物系统一样,都要经历产生、生长、成熟、衰老、灭亡,是有规律可循的。人们如果掌握了这些规律,就能能动地进行产品设计并能预测产品的未来趋势。以后数十年中,阿奇舒勒穷其毕生的精力致力于 TRIZ 理论的研究和完善。在他的领导下,苏联的研究机构、大学、企业组成了 TRIZ 的研究团体,分析了全世界近 250 万份高水平的发明专利,总结出各种技术发展进化遵循的规律模式,以及解决各种技术矛盾和物理矛盾的创新原理和法则,建立一个由解决技术,实现创新开发的各种方法、算法组成的综合理论体系,并综合多学科领域的原理和法则,建立起 TRIZ 理论体系。

20 世纪 80 年代中期前,该理论对其他国家保密,80 年代中期,一批科学家移居美国等西方国家,逐渐把该理论介绍给世界产品开发领域。

21 世纪,在经济全球化的趋势下,每个国家都不可能离开全球市场而独立发展,必须在激烈的市场竞争中求生存,而生存的关键就在于创新。时任国家主席胡锦涛于 2006 年 1 月 9 日在全国科技大会上宣布了中国未来 15 年科技发展的目标:2020 年建成创新型国家,使科技发展成为经济社会发展的有力支撑。这也奠定了创新中国的理论。TRIZ 理论正可以帮助我们实现批量发明创新的夙愿。

二、TRIZ 的主要内容

创新,从最通俗的意义上讲就是创造性地发现问题和创造性地解决问题的过程,TRIZ 理论的强大作用正在于它为人们创新提供了系统的理论和方法工具。

现代 TRIZ 理论体系主要包括以下几个方面的内容。

(1)创新思维方法与问题分析方法:TRIZ 理论中提供了如何系统分析问题的科学方法,如多屏幕法等。而对于复杂问题的分析,则包含了科学的问题分析建模方法——物场分析法,它可以帮助快速确认核心问题,发现根本矛盾所在。

(2)技术系统进化法则:针对技术系统进化演变规律,在大量专利分析的基础上,TRIZ 理论总结提炼出八个基本进化法则。利用这些进化法则,可以分析确认当前产品的技术状态,并预测未来发展趋势,开发富有竞争力的新产品。

(3)技术矛盾解决原理:不同的发明创造往往遵循共同的规律。TRIZ 理论将这些共同的规律归纳成 40 个创新原理,针对具体的技术矛盾,可以基于这些创新原理,结合工程实际寻求具体的解决方案。

（4）创新问题标准解法：针对具体问题的物场模型的不同特征，分别对应有标准的模型处理方法，包括模型的修整、转换、物质与场的添加等。

（5）发明问题解决算法 ARIZ：主要针对问题情境复杂矛盾及其相关部件不明确的技术系统。它是一个对初始问题进行一系列变形及再定义等非计算性的逻辑过程，实现对问题的逐步深入分析，问题转化，直至问题解决。

（6）基于工程学原理而构建的知识库：基于物理、化学、几何学等领域的数百万项发明专利的分析结果而构建的知识库可以为技术创新提供丰富的方案来源。

三、TRIZ 的基本哲理

TRIZ 理论的基本哲理包括以下 6 条：

（1）所有的工程系统服从相同的发展规则。这一规则可以用来研究创造发明问题的有效解，也可用来评价与预测如何求解一个工程系统（包括新产品与新服务系统）的解决方案。

（2）像社会系统一样，工程系统可以通过解决冲突（Conflicts）而得到发展。

（3）任何一个发明或创新的问题都可以表示为需求和不能（或不再能）满足这些需求的原型系统之间的冲突。所以，"求解发明问题"与"寻找发明问题的解决方案"就意味着在利用折中与调和不能被采纳时对冲突的求解。

（4）为探索冲突问题的解决方案，有必要利用专业工程师尚不知道或不熟悉的物理或其他科学与工程的知识。技术功能和可能实现该功能的物理学、化学、生物学等效应对应的分类知识库可以成为探索冲突问题解的指针。

（5）存在评价每项发明创造的可靠判据。这些判据是：

①该项发明创造是不是建立在大量专利信息基础上的？基于偶然发现的少数事例的发明项目不是严肃的研究成果。事实证明，一项重大或重要的发明项目通常是建立在不少于 1 万到 2 万项专利（或知识产权/版权）研究的基础上。

②发明人或研究者是否考虑过发明问题的级别？大量低水平的发明不如一项或少量高水平的发明。因为，低水平的发明只能在简单的情况下运用。

③该项发明是否是从大量高水平的试验中提炼出来的结论或建议？

（6）在大多数情况下，理论的寿命与机器的发展规律是一致的。因而，"试凑"法很难产生两种或两种以上的系统解。

四、TRIZ 的应用领域

在苏联，TRIZ 方法一直被作为大学专业技术必修科目，广泛应用于工程领域。苏联解体后，大批 TRIZ 研究者移居美国等西方国家，TRIZ 流传于西方，受到极大重视，TRIZ 的研究与实践得以迅速普及和发展。西北欧、美国、中国台湾等地出现了以 TRIZ 为基础的研究、咨询机构和公司，一些大学将 TRIZ 列为工程设计方法学课程。经过半个多世纪的发展，如今 TRIZ 理论和方法已经发展成为一套解决新产品开发实际问题的成熟的理论和方法体系，工程实用性强，并经过实践的检验，如今它已在全世界广泛应用，创造出成千上万项重大发明，为知名企业取得了重大的经济效益和社会效益。

TRIZ 理论广泛应用于工程技术领域，并已逐步向其他领域渗透和扩展。应用范围越来越广，由原来擅长的工程技术领域向自然科学、社会科学、管理科学、生物科学等领域发展。目前该理论已总结出的 40 条发明创造原理在工业、建筑、微电子、化学、生物学、社会学、医疗、食品、商业、教育领域的应用案例，用于指导各领域问题的解决。

TRIZ 是专门研究创新设计的理论，已建立一系列的普适性工具帮助设计者尽快获得满意的领域解。TRIZ 作为解决技术问题或发明问题的一种强有力方法，并不是针对某个具体的机构、机械或过程，而是要建立解决问题的模型及指明问题解决对策的探索方向。TRIZ 的原理、算法也不局限于任何特定的应用领域。它是指导人们创造性解决问题并提供科学的方法、法则。因此，TRIZ 可以广泛应用于各个领域创造性的问题解决。

TRIZ 不仅在苏联得到广泛应用，在美国的很多企业特别是大企业，如波音、通用、克莱斯勒、摩托罗拉等公司的新产品开发中得到了应用，创造了可观的经济效益。三星在应用了 TRIZ 之后取得的成果令人瞩目。据统计，2003 年，三星电子采用 TRIZ 理论指导项目研发而节约相关成本 15 亿美元，同时通过在 67 个研发项目中运用 TRIZ 技术成功申请了 52 项专利。仅仅一项创新技术就能对一个跨国企业产生如此大的影响，这种情况是不多见的，TRIZ 的创始人阿奇舒勒对此也始料未及。

从 1997 年三星引入 TRIZ 理论到 2003 年的近 7 年时间里，三星应用 TRIZ 取得了显著的创新成果,但很多创新环节仍然需要 TRIZ 专家的协助才能完成,而且这些专家往往都有 10 年以上的 TRIZ 应用经验并通晓不同的工程领域。因此我们称三星的这种创新模式为"专家辅助创新"。

第三节 Kano 模型的介绍

一、Kano 模型的简介

受赫兹伯格(Herzberg)的双因素理论启发,1979 年日本质量管理专家狩野纪昭(Noriaki Kano)在与同事一起发表的一篇论文中,第一次将满意与没有满意标准引入质量管理领域,提出以二维的模式来认知质量。随后,他又在 1982 年第 12 届日本质量管理大会上宣读了《魅力质量与必备质量》的研究报告,阐述了由特性满足状况表示的客观质量和由顾客满意度表示的主观质量之间的相互关系,并建立了质量分类的 Kano 模型,将质量划分为魅力质量、一维质量、必备质量、漠然质量和逆向质量,从而确立了 Kano 模型和魅力质量理论。该论文于 1984 年 1 月 18 日正式发表在《日本质量控制协会》第 14 期上,它标志着狩野模式(Kano Model)的确立和魅力质量理论的成熟。如图 6-1 所示,Kano 模型将质量分为当然的质量、一元质量和有魅力的质量三大类。Kano 模型克服了传统质量管理领域对质量的

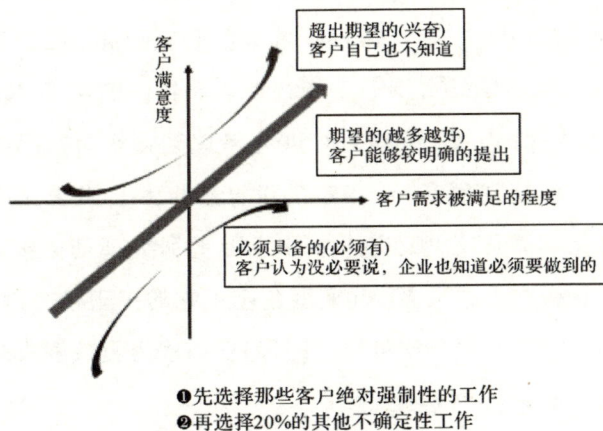

图 6-1 Kano 模型图

单维认知的缺陷,以二维的模式来认知质量,更加符合实际情况,这使得 Kano 在产品创新和服务管理等一些需要特别关注顾客需求的领域得到了广泛的应用。相关的研究主要有:Tan 和 Shen(2000)在 QFD 的框架中引入 Kano 理论,用于打造魅力型产品并促进新产品研发;李延来(2008)引入 Kano 因子的概念来确定质量屋中顾客需求的最终重要度;施国洪(2009)研究了 Kano 模型在服务质量评价中的应用;Chen(2008)依据 Kano 模型提出一种 Kano-CKM 模型,将顾客的隐性知识转化为企业需要的显性知识,用于企业的新产品开发当中;聂大安(2010)提出了基于 Kano 模型用户需求分类的同步多产品设计方法。

但在 Kano 模型得到广泛应用的同时,其局限性也暴露出来。从本质上来说,Kano 模型属于一种定性的分析方法:首先,其分类准则相对主观,运用 Kano 问卷收集顾客对产品或服务质量的感知信息,根据顾客对某个质量属性的感知情况及其比重的高低来确定质量因素的分类,难以精确表示顾客对该质量属性的满意状态。其次,Kano 模型的决策准则存在较强的模糊性,如前所述,要求企业满足必备质量、提升一元质量、挖掘魅力质量等决策准则比较含糊,而且并不能解决同一分类中质量属性优先度的确定问题。而且传统 Kano 模型未考虑到顾客对每个质量属性的重要度感知。这些不足的存在大大限制了 Kano 模型的决策支持作用。鉴于此,一些学者对 Kano 模型进行了改进研究。Berger(1993)等人设计出满意度值和不满意度值两个指标,用于表示顾客对某个产品或服务属性的平均感知水平,并确定产品或服务的质量状态;基于 Berger 等人的研究,Yang(2005)整合重要度和满意度(Importance-Satisfaction,I-S)重新定义了 Kano 模型,将 Kano 模型的分类结果从四种界定为八种;Yu-Cheng Lee(2009)考虑到顾客对产品或服务属性感知的模糊性,提出了一种模糊型 Kano 模型的设计思想。上述研究都试图通过实现 Kano 模型的定量化来提升其决策支持作用,但这些研究都是从质量因素的划分视角来研究的,并未从根本上解决 Kano 模型在应用中的主观性。因而,如何结合质量因素分类结果,确定提升服务质量属性的优先权,成为亟待解决的问题。

二、Kano 模型的概念及分类

日本教授狩野纪昭(Noriaki Kano)在 1984 年首次提出二维模式,构建出 Kano 模型。将影响因素划分为五个类型,包括:

①魅力因素，用户意想不到的，如果不提供此需求，用户满意度不会降低，但提供此需求，用户满意度会有很大提升；

②期望因素（一维因素），当提供此需求，用户满意度会提升，当不提供此需求，用户满意度会降低；

③必备因素，当优化此需求，用户满意度不会提升，当不提供此需求，用户满意度会大幅降低；

④无差异因素，无论提供或不提供此需求，用户满意度都不会有改变，用户根本不在意；

⑤反向因素，用户根本都没有此需求，提供后用户满意度反而会下降；逆向质量指引起强烈不满的质量特性和导致低水平满意的质量特性，因为并非所有的消费者都有相似的喜好。

从 Kano 模型的因素分类可以发现，Kano 并不是直接用来测量用户满意度的方法，而是通过对用户的不同需求进行区分处理，帮助产品找出提高用户满意度的切入点。它常用于对影响指标进行分类，帮助产品了解不同层次的用户需求，识别使用户满意的至关重要的因素。

Kano 主要是通过标准化问卷进行调研，根据调研结果对各因素属性归类，然后计算 Better-Worse 系数，以显示达成此项因素属性对增加满意或消除不满意的影响程度。Better 的数值通常为正，表示如果产品提供某功能或服务，用户的满意度会提升。其正值越大，代表用户满意度提升的效果越强，满意度上升得越快；Worse 的数值通常为负，表示如果产品不提供某功能或服务，用户的满意度会降低。其负值越大，代表用户满意度降低的效果会越强，满意度下降的越快；因此，根据 Better-Worse 系数，对系数绝对分值较高的项目应当优先实施。从一个案例来说明：某产品希望优化五项功能，但是不知道哪些是用户需要的。通过 Kano 调研分析，可以分别计算出五项功能的 Better-Worse 系数，构建四分位图。

根据五项功能的 Better-Worse 系数值，划分为四个象限。

第一象限表示：Better 系数值高，Worse 系数绝对值也很高的情况。落入这一象限的因素，称之为期望因素（一维因素），功能五落入此象限，即表示产品提供此功能，用户满意度会提升，当不提供此功能，用户满意度就会降低；

第二象限表示：Better 系数值高，Worse 系数绝对值低的情况。落入这一象限的因素，称之为魅力因素，功能一落入此象限，即表示不提供此功能，用户满意度不会降低，但当提供此功能，用户满意度会有很大提升；

第三象限表示：Better 系数值低，Worse 系数绝对值也低的情况。落入这一象限的因素，称之为无差异因素，功能二、三、四落入此象限，即无论提供或不提供这些功能，用户满意度都不会有改变，这些功能点是用户并不在意的功能。

第四象限表示：Better 系数值低，Worse 系数绝对值高的情况。落入这一象限的因素，称之为必备因素，即表示当产品提供此功能，用户满意度不会提升，当不提供此功能，用户满意度会大幅降低；说明落入此象限的功能是最基本的功能。

在实际中，我们首先要全力以赴地满足用户最基本的需求，即第四象限表示的必备因素，这些需求是用户认为我们有义务做到的事情。在实现最基本的需求之后，我们应尽力去满足用户的期望型需求，即第一象限表示的期望因素，这是质量的竞争性因素。提供用户喜爱的额外服务或产品功能，使其产品和服务优于竞争对手并有所不同，引导用户加强对本产品的良好印象。最后争取实现用户的魅力型需求，即第二象限表示的魅力因素，提升用户的忠诚度。

因此，根据 Kano 模型计算出的 Better-Worse 系数值，说明该产品先需要优化功能五，然后再满足功能一。功能二、三、四对用户来说，有或者没有都是无差异的，没有必要花大力气去实现。

实训报告
撰写要求

实训报告范文

第三篇　质量管理实践篇

第七章　Minitab 软件在质量管理中的应用

【学习目标】通过学习本课程,你将能够:

(1)掌握 Minitab 软件的基础理论知识。

(2)掌握 Minitab 软件的基本操作技能,提高分析问题、解决问题能力。

(3)运用 Minitab 软件绘制 QC 七大手法,帮助你解决发生在企业生产现场以及你周边发生的问题。

(4)运用 Minitab 软件开展 SPC(制程能力)分析,为你的决策提供科学依据。

(5)运用 Minitab 软件开展方差分析、回归分析、DOE 分析等,提升质量改善技能,利用现有的资源,降低成本,创造最大的利润!

【学习对象】高职生、大专生、本科生、研究生、MBA 及企业中从事制造、品质管理、制造工程、研发、工艺等人员。

【授课时间】18 学时(实践)。

【培训特色】本章节主要介绍 Minitab 软件的运用,掌握 QC 七种工具、DOE 等理论,并使这些理论与工具能发挥最大的现实作用。

Minitab 软件是全球领先的质量管理和六西格玛实施软件工具,更是持续质量改进的良好工具软件。Minitab 17 是一款专业强大的质量管理统计软件,具备测量系统分析、能力分析以及检验分析等功能,通过智能数据分析为有需要的用户或企业提升其工作效率和工作质量。在深入挖掘数据功能中不仅能够提供完美的支持,而且在契合 Excel 和数据库执行数据导入的功能中,支持图形化数据的分析效果,让用户在数据分析查看时告别枯燥无味的传统数据查看方式。

第一节　数据类型及设置

在 Minitab 系统中,有 3 种基本数据类型供用户选择,分别是数值型数据、文本型数据和日期/时间型数据。一般来说,不同类型的数据应采用不同的统计分析方法进行数据分析。所以,在应用 Minitab 统计分析软件之前,应能够有效地识别不同类型的数据。

一、数值型(Numeric)数据

(一)计量数据(Measurement Data)

计量数据,为观测每个观察单位某项指标的大小而获得的资料。其变量值是定量的,表现为数值大小,一般有度量衡单位。假如一个数据的所有可能取值充满数轴上一个区间(a,b),则称这样的数据为计量数据。其中 a 可以是 $-\infty$,b 可以是 $+\infty$,通常称这类数据是连续数据(Continuous Data)。这种类型的数据往往既可以取整数、小数、分数,有时候(虽然不是全部)还可以取负数。例如,长度、重量、温度、湿度、体积、误差、速度、时间、寿命等等。它的统计分析与连续随机变量(Continuous Random Variable)的分布有关。在 Minitab 统计分析功能中,这种数据是主要的分析对象,统计分析时,常用的参数和方法有均值、标准差、t 检验、方差分析、回归分析等。

(二)计数数据(Enumeration Data)

计数数据又称为定性数据或分类数据(Categorical Data),是将观察单位按某种属性或类别分组计数,分别汇总各组观察单位后而得到的数据,其变量值是定性的,表现为互不相容的属性或类别。这类数据仅取数轴上有限个点或可列个点,一般只取非负整数,不取小数、分数,更不取负数。例如,某一单位面积内某一种缺陷的个数、一批产品中不合格品的个数、一个超市每天进入的人数、一个麦穗上的麦粒数等等。它的统计分析是与具有离散随机变量(Discrete Random Variable)的分布有关。在 Minitab 的统计分析功能中,常采用非参数分析、检验、二项分布、超几何分布、泊松分布等统计方法。

以上两种数据的分类是相对的，在某些情况下，两种数据可以互相转化。例如，当观察某一特定人群的年龄时，年龄这个变量是连续的计量值数据，但是在实际统计分析时，为了简化统计分析，往往按年、月、日进行分类，最后就变成了计数数据。

（三）等级数据（Ranked Data）

例如，对产品的质量情况进行分类，可以分为合格品、不合格品，或者分为一级品、二级品、等外品，等等。在统计分析时这类数据常用比率、等级相关、非参数检验等统计分析方法。

（四）有序数据（Ordinal Data）

有序数据又称为有序分类数据（Ordinal Categories）。例如，评定某种酒或茶叶的品质时，只能评出一个顺序，如：一般绿茶可以分为特级、高级、中级、合格、不合格几个等级。

（五）名义数据（Nominal Data）

名义数据又称为无序分类数据（Unordinal Categories）。有些数据既不是计量的、计数的，也不是有序的，例如，人们的姓名、性别，各种不同的颜色被赋予不同代码，不同类的书籍被赋予不同代码，等等。

（六）截尾反应数据（Censored Responses）

截尾反应数据又称为删失数据（Censored Data）、不完全数据（Uncomplete Data）。例如，在产品可靠性研究领域，研究者通过试验观察到某种产品的使用寿命，这一类数据称为完全数据（Complete Data）或非截尾反应数据（Uncensored Responses）。有一部分或产品由于各种原因不能观察到其真正的使用寿命，但能够得到"该产品的使用寿命不小于某个数值"这样一个信息。习惯上，在该数值右上角标以"＋"表示。统计分析时，常使用中位数、生存分析等参数或分析方法。

有的数值类型的数据又可根据实际需要相互转化。一般来说，不同类型的数据应采用相应的统计方法或图形分析方法进行描述或分析。在使用 Minitab 统计软件进行统计分析时，应识别数据的不同类型，选用恰当的统计/图形模块进行分析，才可得到正确的结果。

在 Minitab 统计软件的数据文件中，软件自动识别数据的类型，数值型数据以

"C"表示。

二、文本型(Text)数据

文本型数据的特征一般由字母(各种文字、单词、句子)、空格和指定的特征(各种符号)组成。文本就是文字,包括汉字和英文字母,但不包括数字。文本型数据不能做加减乘除等数学运算,若硬是将文本型数据加入数学运算,这些数据的默认值就是零,只是做包含、不包含、等于等运算。

【例题 1】已知 36 个学生的学习成绩,已经建立数据文件。在 Minitab 软件中各种数据的显示情况是怎样的呢?在 Minitab 统计软件的数据文件中,软件自动识别数据的类型,文本型数据以"C-T"表示,如图 7-1 所示。

三、日期/时间型(Data/Time)数据

日期/时间型数据用于各种日期和时间的标记。可以是日期型数据(例如,Jan-1-2009,或者 2/17/2010),时间型数据(例如 08:25:22 PM),或者日期时间型数据两者皆有(例如 2/17/2010,08:25:22 PM)的形式。在 Minitab 统计软件的数据文件中,软件自动识别数据的类型,日期/时间型数据以"C-D"表示,如图 7-1 中。

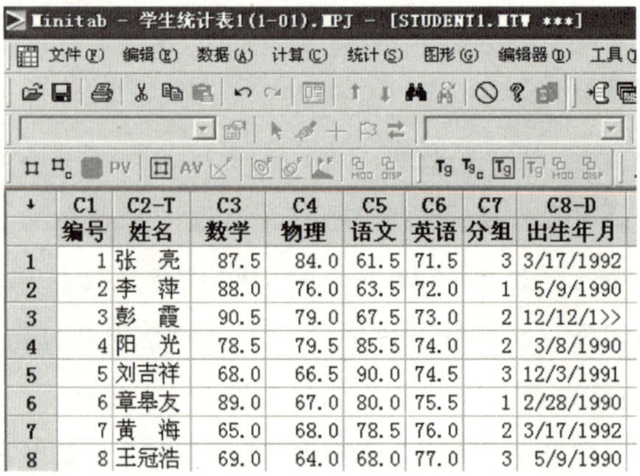

↓	C1 编号	C2-T 姓名	C3 数学	C4 物理	C5 语文	C6 英语	C7 分组	C8-D 出生年月
1	1	张 亮	87.5	84.0	61.5	71.5	3	3/17/1992
2	2	李 萍	88.0	76.0	63.5	72.0	1	5/9/1990
3	3	彭 霞	90.5	79.0	67.5	73.0	2	12/12/1>>
4	4	阳 光	78.5	79.5	85.5	74.0	2	3/8/1990
5	5	刘吉祥	68.0	66.5	90.0	74.5	3	12/3/1991
6	6	章皋友	89.0	67.0	80.0	75.5	1	2/28/1990
7	7	黄 海	65.0	68.0	78.5	76.0	2	3/17/1992
8	8	王冠浩	69.0	64.0	68.0	77.0	3	5/9/1990

图 7-1 三种数据的表示方法图

四、数据的格式设定

(一)数值型数据的设置

使用数据文件:学生统计表 1(1－01).MPJ。

步骤 1：打开数据文件，选定数据所在的列变量，如图 7-2 所示。光标指定所在列变量，单击鼠标右键，在"格式列"中，选择"数据"，弹出如图 7-3 所示的对话框。

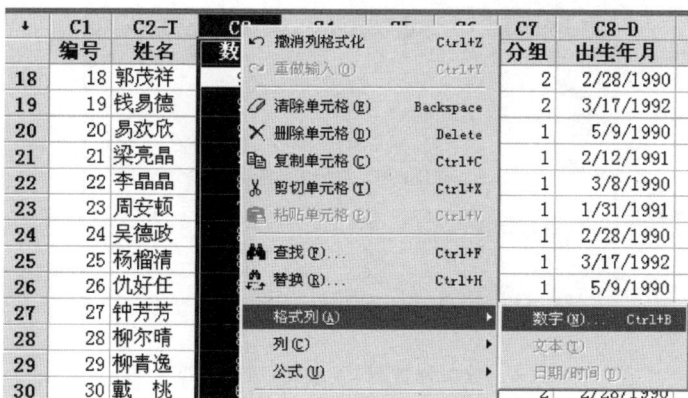

图 7-2　格式列图

打开数据文件，选定列变量，打开"格式列"→"数字"对话框。

步骤 2：用于指定如何格式化工作表列中的数字数据。数字型数据，可以选择的类别如图 7-3 所示。

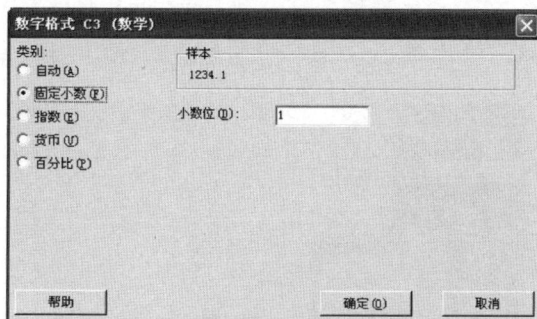

图 7-3　数值型数据的格式设置图

①自动：选择此项将让 Minitab 根据列中的值确定格式。

②固定小数：选择此项可指定固定小数格式。小数位：键入要显示的小数位数。

③指数：选择此项可指定指数格式。小数位：键入要显示的小数位数。

④货币：选择此项可指定货币格式。小数位：键入要显示的小数位数。符号：

选择货币符号。可用选项取决于 Windows 控制面板中的区域和语言选项。负数：选择要用于负货币值的格式。货币类数据的格式设置如图 7-4 所示。

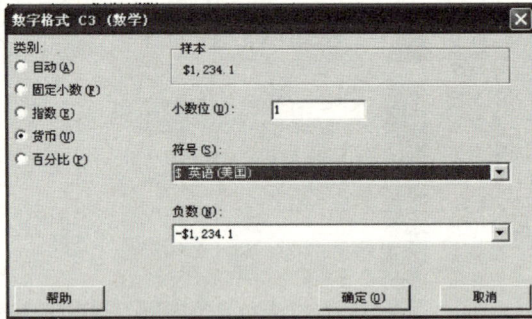

图 7-4　数值型数据(货币类)的格式设置图

⑤百分比：选择此项可指定百分比格式。小数位：键入要显示的小数位数。

步骤 3：单击"确定"，完成数值型变量类型的设置。

五、日期/时间型数据的设定

仍然以上例的数据文件"学生统计表 1(1－01). MPJ"为例。

步骤 1：打开数据文件，选定数据所在的列变量，如图 7-5 所示。光标指定所在列变量，单击鼠标右键，在"格式列"中，选择"日期/时间"，弹出如图 7-6 所示的对话框。

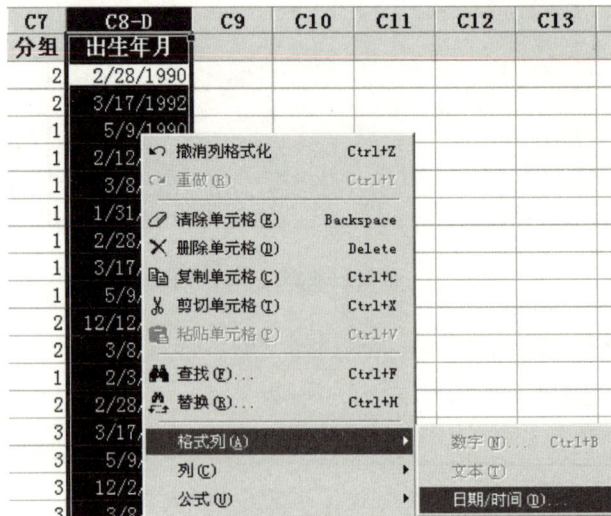

图 7-5　格式列图

打开数据文件,选定列变量,打开"格式列"→"日期/时间"对话框。

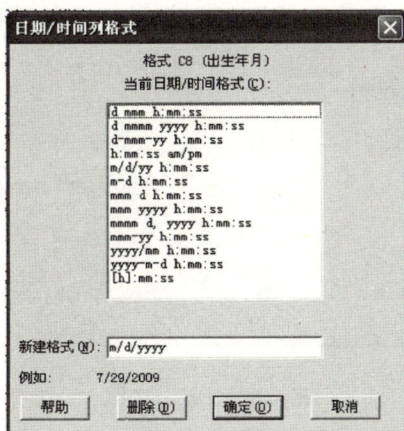

图7-6　日期/时间型数据的格式设置图

步骤2:在打开的"日期/时间型数据对话框"中,根据需要选择需要的日期/时间类型。

步骤3:单击"确定",完成日期/时间型变量类型的设置。

六、列变量公式的设置

有时特定的列变量是由其他的列或其他由公式计算得出的量来确定的,这时使用"列变量公式"就非常方便,仍以例题1为例。本例中准备对"数学成绩"进行四舍五入,并取整数(小数点为0),新生成的变量存储在C9列中。

步骤1:打开数据文件,选定数据所在的列变量。光标指定所在列变量,单击鼠标右键,选择"公式"命令,如图7-7所示。

图7-7　公式图

单击"公式"命令,弹出如图 7-8 所示的对话框。选择"公式"。

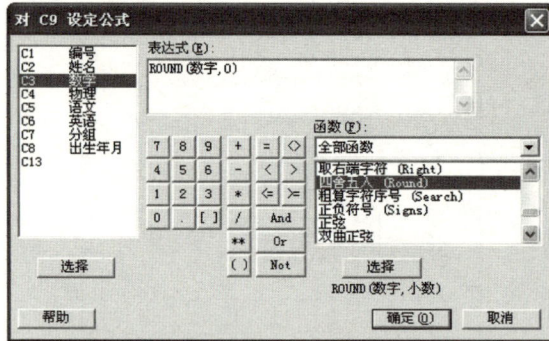

图 7-8　计算公式图

步骤 2:在弹出的"对 C9 设定公式"对话框中,从函数选项中选择"四舍五入(Roand)",将变量"数学"选入四舍五入的括号中,并设置小数的位数。

步骤 3:单击"确定",根据公式计算得到的新变量就计算出来了,并保存在 C9 列中。

撤销设定的公式方法是:选定已经设立公式的列,单击右键,选择"撤销将公式分配给列"。如果你需要再次运行已经设定的公式,步骤与此类似,选定已经设立公式的列,然后单击右键,选择"重做将公式分配给列",公式就再次运行。

第二节　Minitab 的基本操作与数据录入

一、Minitab 的基本数据文件类型

Minitab 系统的基本数据文件有三种:以"＊.MPJ"表示的是 Minitab 的项目数据文件(Minitab Project File);而以"＊.MTW"表示的是 Minitab 的工作表数据文件(Minitab Worksheet File);以"＊.MGF"表示的是 Minitab 的图形文件(Minitab Graph File)。这个"＊.MGF"文件只有当执行 Minitab 系统运行生成一个或多个图形(图表)且被保存后,才可以被打开(调用)使用或编辑。

Minitab 的三种格式的文件,即 MPJ,MTW 和 MGF 的区别是:MPJ 保存Minitab 的所有计算,而 MTW 仅保存工作单数据,MGF 仅保存图像。由 MPJ 生

成的图像将自动保存为 MGF 格式。

除此之外，还有一些通用的文件类型，如"＊.MPJ.BAK"文件，属于备份文件，在其他程序中也存在。

二、项目数据文件的建立与保存

【例题 2】已知 36 个学生的学习成绩，如表 7-1 所示。试建立数据文件。

表 7-1　精英中学 36 个学生的成绩单表

编号	姓名	数学	物理	语文	英语	分组	出生年月
1	张　红	87.50	84.00	61.50	71.50	3	3－14－1995
2	李　霞	88.00	76.00	63.50	72.00	1	5－19－1998
3	彭　鹏	90.50	79.00	67.50	73.00	2	12－12－1991
4	阳　子	78.50	79.50	85.50	74.00	2	6－6－1994
⋮	⋮	⋮	⋮	⋮	⋮	⋮	⋮
30	戴　姚	68.00	90.50	85.00	85.00	2	2－28－1990
31	姜会建	69.00	75.50	81.00	90.50	3	2－11－1992
32	马小城	70.00	76.00	92.00	91.50	3	5－9－1990
33	尹玉洁	71.50	77.00	93.00	84.00	3	10－2－1993
34	莫万生	72.50	78.50	74.00	86.00	3	3－8－1990
35	林毅夫	73.00	89.50	75.00	87.00	2	12－5－1995
36	英　浩	74.00	90.50	78.00	88.00	2	2－18－1991

本例原始数据，其中列变量"编号""数学""物理""语文"和"英语"是数值型计量数据，列变量"分组"是数值型有序分类数据，列变量"姓名"是文本型数据，"出生年月"则是时间/日期型数据。

步骤 1：进入 Minitab 系统，选择"文件"→"新建"命令，弹出一个对话框，如图 7-9 所示。

"新建"用来创建一个新的数据文件，可以选择工作表数据文件（Minitab Worksheet File），用"＊.MTW"表示；也可以选择项目数据文件（Minitab Project File），用"＊.MPJ"表示。

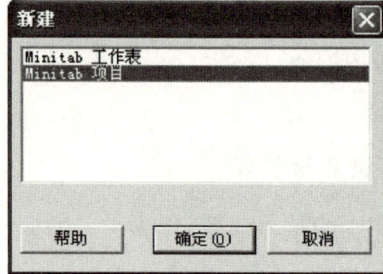

图 7-9　新建项目文件对话框图

步骤 2：选择"Minitab 项目"，单击"确定"，得到一个空白的数据表（列变量最多是 4000 个，而行变量最多可以是 26000 个），然后可以在数据表中输入相关的数据和文字。如将表 7-1 中的数据和文字依次输入。本例输入"姓名"的文字内容时，Minitab 的"C2"表头会自动生成为"C2-T"，因为"姓名"是由字符（汉字）组成的，表明这个列变量是文本型数据（Text）。在输入"出生年月"内容时，"C8"表头会自动生成为"C8-D"，因为"出生年月"属于时间/日期型数据。

步骤 3：数据文件的保存，在 Minitab 桌面左上角有保存文件的图标，可以直接进行数据文件的保存。也可以在"文件"→"保存项目"或"将项目另存为"保存数据文件。

三、工作表数据文件的建立与保存

【例题 3】已知某车间 A（1 组）、B（2 组）两个班组生产的产品数量，试建立工作表数据文件（产品 1.2-2. MTW）。

	挡圈	端盖	长键	止退环
A 组	58	49	59	18
B 组	43	29	33	8

步骤 1：进入 Minitab 系统，选择"文件"→"新建"，弹出一个新建文件的对话框，如图 7-10 所示。

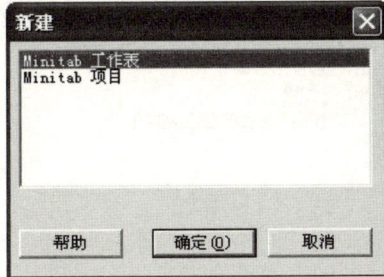

图 7-10　新建工作表文件对话框图

在这个对话框中选择"Minitab 工作表"选项，然后单击"确定"，得到一个空白的数据。

步骤 2：在数据表中输入数据，文件的保存与"项目数据文件的建立与保存"中介绍的类似。

四、其他文件的打开和利用

企业的许多数据一般以多种文件的格式存在，特别是这些文件原来并不是专门为质量管理而记录的，现在需要使用 Minitab 统计分析软件对这些数据进行分析，以便发现质量问题的症结，确定质量改进的重点，这时候如果重新输入这些数据，不仅工作量很大，而且造成不增值的重复劳动。Minitab 考虑了企业的这些需求，设置了读取其他格式文件的功能，利用这个功能，大多数（虽然不是全部）数据文件中的数据都可以被顺利读取。

Minitab 软件可以打开、编辑和利用许多其他的数据文件，例如电子表格文件（＊.xls），就可以使用这个命令打开，并且可以在打开之后进行编辑。

步骤如下：进入 Minitab 系统，选择"文件"→"打开工作表"，弹出一个"打开工作表"的对话框，如图 7-11 所示。在弹出的对话框中找到需要打开的文件，注意在对话框下方的"文件类型"中选择相应的文件类型，需要打开的文件就显示在主对话框中。如果不清楚文件的类型，可以选择"所有（＊.＊）"，主对话框中将显示选中文件夹的所有文件。

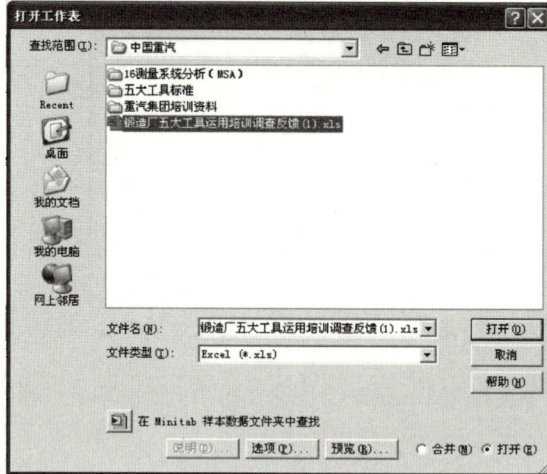

图7-11 打开其他类型的文件图

但是,Minitab并不支持所有类型文件的打开和编辑,你可以试一下,有的文件可以打开,有的文件就显示"Minitab不支持的文件格式"。对于这些不支持的文件格式,可以试一下"曲线打开"的方式。例如,对于SPSS的数据文件(* . sav),就可以先转换成电子表格文件(* . xls),然后再使用Minitab"打开工作表"命令打开。

打开编辑之后,就可以应用Minitab的功能进行统计分析,并且可以保存为Minitab数据文件(MPJ或MTW)了。

第三节 数据的整理

数据整理能够对Minitab数据文件中的各种数据进行编辑整理,以便用户利用Minitab统计分析软件使用这些整理后的数据进行统计分析和(或)绘制图形的工作。

一、生成工作表子集

生成工作表子集(Subset Worksheet)可以从激活的工作表中复制(生成)指定的行变量到新的工作表中。

【例题4】对92件产品各进行2次测量,并已经建立工作表数据文件,见附件:"产品检验1.3-1. MTW"。试选出两次测量差值的绝对值大于25(单位:μm)的产品。

步骤 1：打开数据文件，如图 7-12 所示。

↓	C1	C2	C3	C4
	序号	第一次测量	第二次测量	
1	1	64	88	
2	2	58	70	
3	3	62	76	
4	4	66	78	
5	5	64	80	
6	6	74	84	
7	7	84	84	
8	8	68	72	
9	9	62	75	
10	10	76	118	

图 7-12　打开数据表文件图

步骤 2：在"数据"命令中选择"子集化工作表"，如图 7-13 所示。弹出"子集化工作表"对话框，如图 7-14 所示。

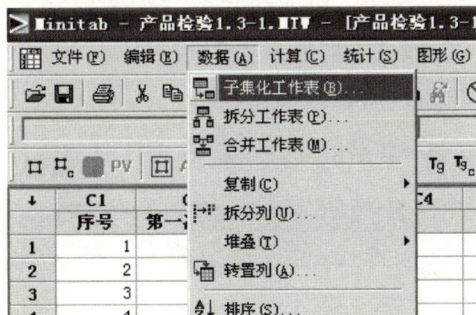

图 7-13　在数据命令中选择子集化工作表图

步骤 3：在弹出的"子集化工作表"对话框中，完成以下选择。

(1)"新工作表名称"选项：给即将生成的新的工作单选定一个新的名字，本例中选择"子集 产品检验 1.3-1. MTW"。

(2)"包括或不包括"选项："指定要包括的行"与"指定不包括的行"。这里指定包括或不包括的行的条件都在下一个选项中体现。

(3)"指定要包括的行(C)"（或指定不包括的行）选项，这个复选框有 3 个选项。

①选择"匹配的行"，点击"条件(C)……"按钮。例如本例中要求条件是：第一次测量与第二次测量的差值的绝对值大于或等于 25，符合这个条件的行变量将被选中，否则就被淘汰。同样，如果上一个选项选择的是"指定不包括的行"，这里的条件就成

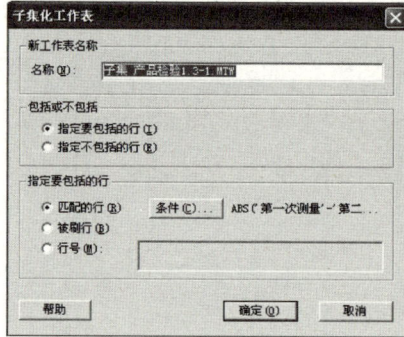

图7-14 子集化工作表对话框图

为不包括的条件。

②"被刷行",即笔刷过的行。笔刷指选择图形上的一个或多个数据点以查看对应的工作表信息。使用笔刷可以检查相关数据点的特征。例如,在"产出与投入"散点图中,可以刷过可疑点以获取更多相关信息。

③"行号"。选择特定的行进行计算。

(4)单击"条件……",设置新的工作表选择条件对话框,如图7-15所示。

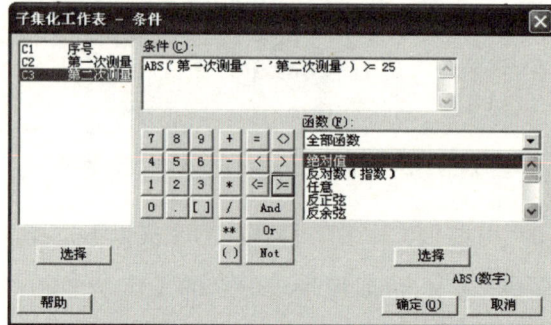

图7-15 新的工作表选择条件对话框图

这里的条件是 |第一次测量 — 第二次测量| ≥ 25,先选择右下方的函数"绝对值",单击"选择"按钮,"绝对值"函数进入"条件"选择框,然后把左上方的"第一次测量"、第二次测量和中间位置的"—"号,">＝25"号选择进入条件选项中,条件选项设置完成。(注意:首先要在"条件"中找到"绝对值",之后才能出现"ABS()",在()中,通过直接点击左边的"第一次测量和第二次测量"即可自动生成,中间用

"－"隔开,在( )外面再点击"＞＝25")

（5）单击 OK 按钮,完成计算,新的工作表生成。如图 7-16 所示。

图 7-16　新生成的工作表图

Minitab 系统创建一个有 10 个记录的新的工作表,新的工作表的名字是:子集
产品检验 1.3-1. MTW,这 10 个记录的每辆次测量的差值的绝对值都大于或等于
25,在实际工作中这将大大提高工作效率,减少烦琐的重复劳动。

【例题 5】对于某蓄电池生产公司已经建立的数据文件"电池检验记录 1.3-2.
MPJ",试保留其中"编号"为 1,3,5,8,对应的列变量为"编号""循环""剩余电量"
"新旧型号"的数据。再建立一个新的数据文件"子集－Batteries. MTW"。

步骤 1:选择并打开数据文件"电池检验记录 1.3-2. MPJ",出现数据文件
"Batteries. MTW"数据表文件。步骤如图 7-17 所示。

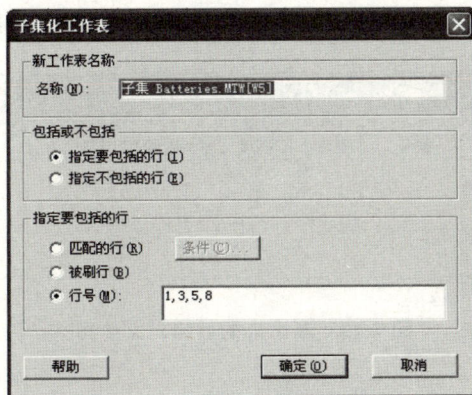

图 7-17　子集化工作表对话框图

在弹出的"子集化工作表"中,系统自动给新的工作表文件命名为"子集—Batteries.MTW[W5]",保留这个名字。

在"包括或不包括"选项中,选择"指定要包括的行"。

在"指定要包括的行"选项中,选择第三项"行号",在之后的空格中填写1,3,5,8行号。

图 7-18　子集化工作表—列对话框图

步骤2:单击"确定",弹出"子集化工作表—列"对话框,如图7-18所示。在该对话框中,左边为"可用列",右边为"包括这些列",把需要选择的列选入。注意在选择时,所选的列必须长度相等。

选择完成后,单击"确定",计算完成,生成新的数据表文件,如图7-19所示。

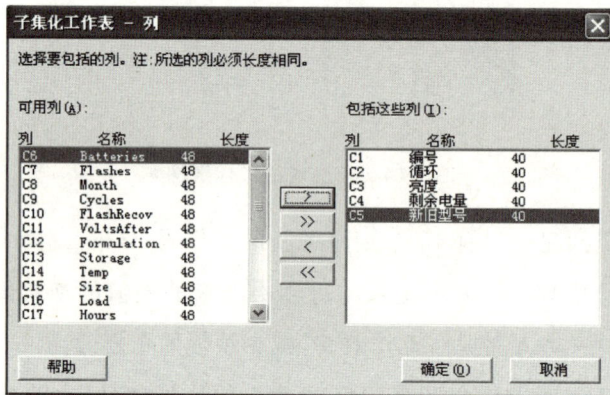

图 7-19　新生成的数据表文件图

二、拆分工作表

在质量管理中,往往需要对现成的数据表进行分类,例如车间的生产记录可能需要根据不同的班次、不同的生产设备、不同的原材料批次等进行分类,以便对质量状况或生产情况进行分析，使用 Minitab 统计分析软件可以轻松实现这种分类。拆分工作表可以将一个激活的工作表拆分为两个或多个新的工作表。

【例题 6】永辉工厂进行了 2018 年度的体检，已知二车间三组的 8 名工人两次脉搏次数、吸烟情况（1 为吸烟，2 为不吸烟）、性别（1 为男性，2 为女性）、身高（单位：cm）和体重（单位：千克）的数据，并已经建立了数据文件：二车间三组体检数据 1.3-3. MPJ。试按性别拆分为两个工作表。

步骤 1：选择并打开"二车间三组体检数据 1.3-3. MPJ"文件，在主菜单上选择"数据"→"拆分工作表"命令，出现如图 7-20 所示的对话框。

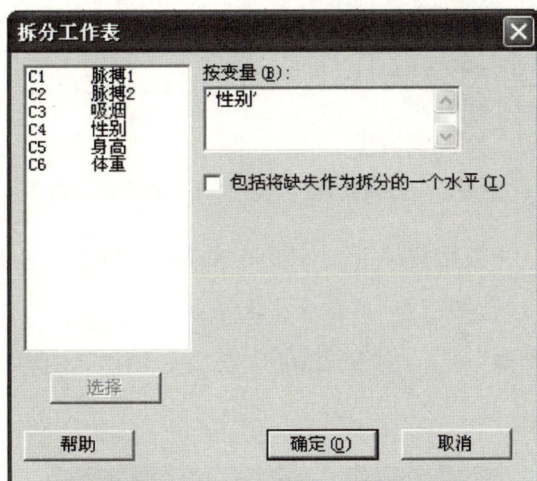

图 7-20　拆分工作表对话框图

步骤 2：本例中选择按"性别"进行拆分，在进行拆分时，可以将缺失值作为一拆分的一个水平，本例未选择。

然后单击"确定"按钮，完成工作表拆分，你可以将拆分的两个工作保存起来，以备下次计算时使用。

三、合并工作表

横向合并工作表可以将两个工作表合并为一个新的工作表；进一步，可以逐次将多个工作表合并为一个新的工作表。

【例题 7】已建立两个工作表数据文件 M3. MTW 和 M4. MTW，试横向合并为

一个工作表 M4. MTW。（数据文件见附件）

步骤 1：进入 Minitab 系统，在"文件"→"打开工作表"中，两次（或多次）打开相应的工作表，如图 7-21 所示。

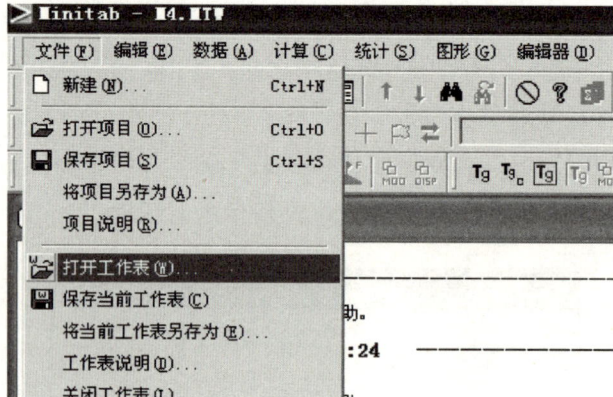

图 7-21　分两次（或多次）打开工作表文件图

本例中分两次打开数据文件 M3. MTW 和 M4. MTW。注意这里不能将两个文件分别打开，否则，"合并工作表"命令将无法执行。

步骤 2：选择"数据"→"合并工作表"，弹出如图 7-22 所示的合并工作表对话框。

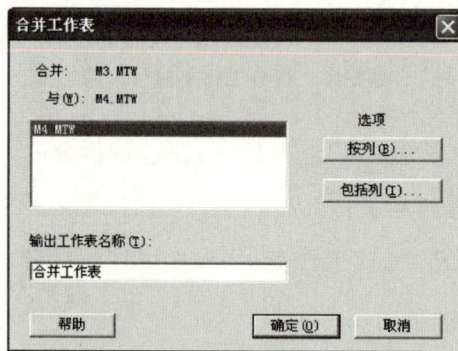

图 7-22　合并工作表对话框图

对话框中提示，合并：M3. MTW 与 M4. MTW，输出新的工作表名称是"合并工作表"。点击第一个选择框中的 M4. MTW，"选项"变成可以使用的功能。

这里有两个选择，其区别是比较有趣的：

①按列：合并后的工作表按列放置，不同的列相同行的数值并不合并在一行中，而是分别放置。

例如上例中两个数据文件合并后的"合并工作表"，如图 7-23 所示。

	C1	C2-T	C3	C4	C5	C6-T	C7	C8
	P: 3.MTW	C: 3.MTW	S1: 3.MTW	S2: 3.MTW	P: 4.MTW	C: 4.MTW	S1: 4.MTW	S2: 4.MTW
1	1	A	0.10	0.98	*		*	*
2	*		*	*	1	A	0.55	0.580
3	*		*	*	2	B	0.68	0.078
4	2	B	0.82	0.62	*		*	*
5	3	C	0.22	0.14	*		*	*
6	*		*	*	3	C	0.74	0.340
7	4	D	0.81	0.81	*		*	*
8	*		*	*	4	D	0.94	0.036
9	5	E	0.58	0.96	*		*	*
10	*		*	*	5	E	0.98	0.090
11								

图 7-23　"按列"合并工作表图

②包括列：合并后的工作表，相同的行将放在同一行中。例如上例中两个数据文件按"包括列"合并后的"合并工作表"，如图 7-24 所示。

	C1	C2-T	C3	C4	C5	C6-T	C7	C8
	P: 3.MTW	C: 3.MTW	S1: 3.MTW	S2: 3.MTW	P: 4.MTW	C: 4.MTW	S1: 4.MTW	S2: 4.MTW
1	1	A	0.10	0.98	5	E	0.98	0.090
2	2	B	0.82	0.62	2	B	0.68	0.078
3	3	C	0.22	0.14	4	D	0.94	0.036
4	4	D	0.81	0.81	3	C	0.74	0.340
5	5	E	0.58	0.96	1	A	0.55	0.580
6								

图 7-24　"包括列"合并工作表图

你发现它们的细微差别了吗？这些差别在实际工作中很有用处，这些差别需要通过大量的实践才能够掌握。

四、复制数据

企业有时候需要从现有的数据文件中复制部分内容，以便建立新的数据文件，进行分析或用作其他用途，在 Minitab 中，可以使用"数据"→"复制"功能完成。

【例题 8】现有数据文件"员工基本情况统计表 1.3-5.MTW"，共有 294 个记录（294 名员工），变量（列）有：编号、性别、年龄、婚姻状况、教育程度、年收入。试复制其中的列变量"性别""年收入",并生成一个新的工作表数据文件（员工基本情况—性别和收入.MTW）。

步骤 1:打开数据文件,选择"数据"→"复制"命令,选择"列到列"命令,如图 7-25所示。弹出"复制列到列"对话框,如图 7-26 所示。

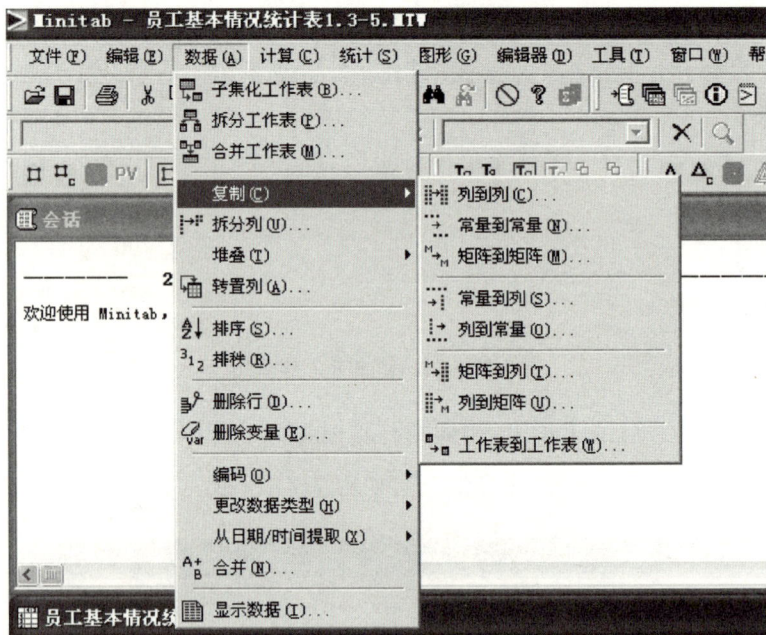

图 7-25　选择复制命令图

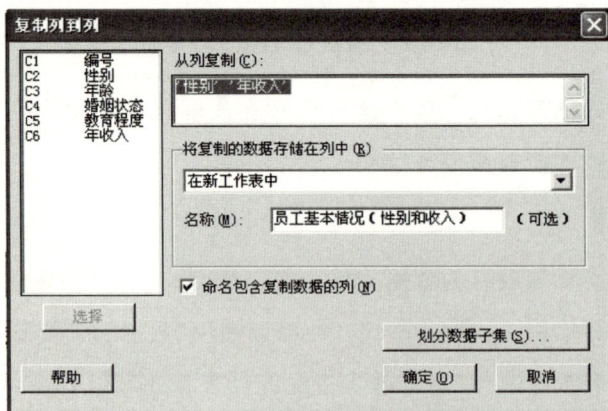

图 7-26　"复制列到列"对话框图

步骤 2：在弹出的"复制列到列"对话框中，从左侧的选项中，选择"性别"和"年收入"两项使其进入右边的"从列复制"选择框中。

在"将复制的数据存储在列中"的下拉菜单中，有 3 个选项：

①将复制的数据存储在列中：在新工作表中；

②将复制的数据存储在列中：在以下工作表中，在最后使用的列之后；

③将复制的数据存储在列中：在当前工作表中，在列中。

步骤 3：命名中包括复制数据的列，根据使用需要，可以选择或不选择。

步骤 4：单击"划分数据子集"，出现如图 7-27 的"复制列到列—划分数据子集"对话框。

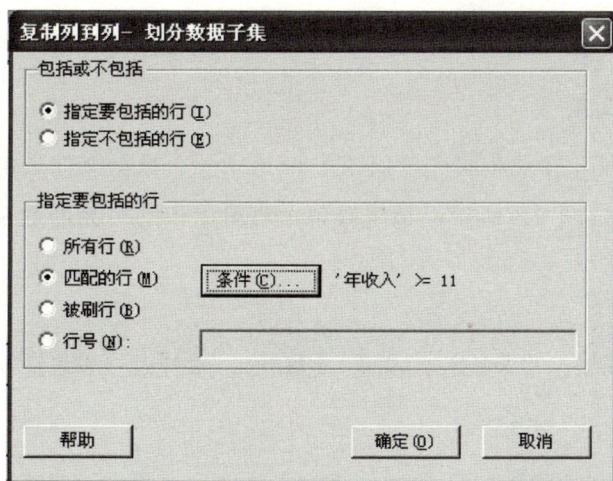

图 7-27　"复制列到列—划分数据子集"对话框图

这个对话框与本节 1.3.1 中"生成工作表子集"的作用和使用方法类似，目的在于对数据进行筛选，对符合条件的数据进行复制，对不符合条件的数据则不复制。这个对话框在实际应用中可以帮 7 助企业的质量工作者解决不少实际问题，建议大家试一试。

本例中选择条件是：年收入≥11（万元）。原来的记录是 294 个，经过条件筛选后的记录（满足条件：年收入≥11）的记录是 203 个，也就是说，这个工厂有 294－203＝91 名员工的年收入小于 11 万元。

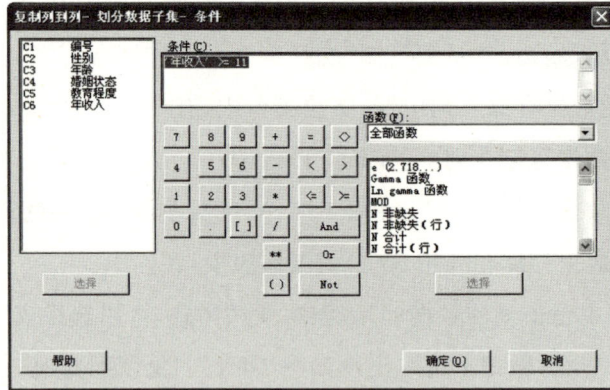

图 7-28　复制列到列—划分数据子集—条件图

步骤 5：条件设定好之后，按"确定"（3 次），新的数据文件就生成了。

五、拆分列变量

【例题 9】9 月 8 日某车间产量如图 7-29 所示下。数据文件见附件：9 月 8 日一车间产量统计表（1.3-6）.MTW，请统计每个班组生产的产品的数量。请你拆分列变量。

↓	C1	C2-T	C3	C4	C5	C6	C7
	序号	产品名称	数量	班组	批号	检验员	
1	1	端盖	98	1	2103	12	
2	2	前轴	68	1	2102	12	
3	3	支架	59	1	2110	12	
4	4	端盖	78	2	2105	12	
5	5	前轴	84	2	2108	11	
6	6	支架	75	2	2111	11	
7	7	端盖	71	3	2112	11	
8	8	前轴	62	3	2121	11	
9	9	支架	91	3	2104	11	

图 7-29　9 月 8 日一车间产量统计表图

步骤 1：选择并打开数据文件 9 月 8 日一车间产量统计表（1.3-6）.MTW。

步骤 2：选择"数据"→"拆分列"命令，如图 7-30 所示。

弹出"拆分列"对话框，如图 7-31 所示。

在弹出的"拆分列"对话框中，从左侧的选择框中选择"数量"进入右边的"分拆

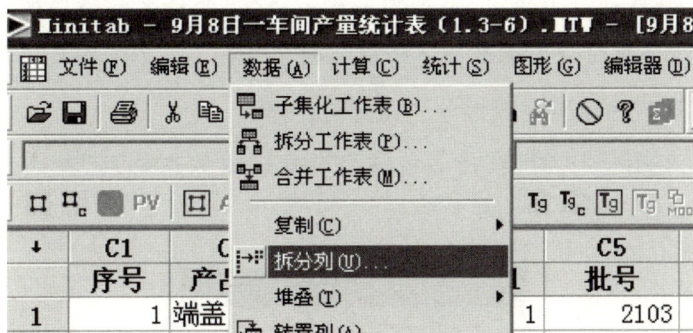

图 7-30　选择"数据"→"拆分列"命令图

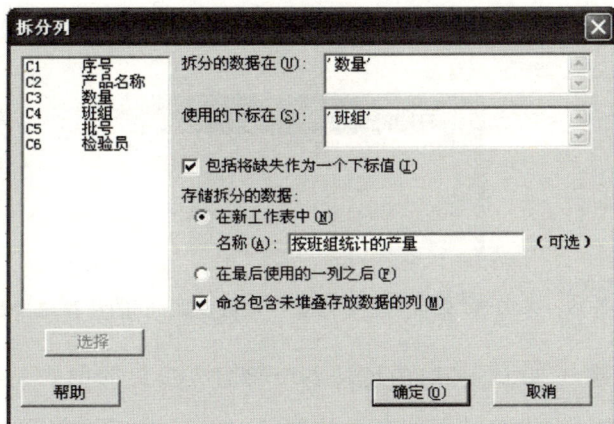

图 7-31　拆分列对话框图

的数量在"框中,选择"班组"进入右边的"使用的下标在"框中。

　　注意:缺失值作为一个下标可以选择,如果钩选,则在班组一列中。如果出现缺失值,则缺失值作为一个不同的班组处理。

　　在存储拆分的数据一栏中,如果选择"在新工作表中",则 Minitab 系统将为你新建一个工作表,这个新建的工作表需要你给它命名(可选)。如果选择"在最后使用的一列之后",则 Minitab 系统不再创建新的工作表,而是将拆分的数据存放在原有的工作表最后一列之后。本例选择"在新工作表中",并为新工作表命名为"按班组统计的产量"。

　　最下面的选择项"命名包含未堆叠存放数据的列"选项,如果选中,则新生成的数据列变量系统自动给予命名，否则则不给予命名，变量名是空白的，等待你来命名。本例勾选“命名包含未堆叠存放数据的列”。

步骤 3：单击“确定”，完成拆分列变量的计算。

计算结果如图 7-32 勾选“命名包含未堆叠存放数据的列”和图 7-33（未勾选“命名包含未堆叠存放数据的列”）所示。

按班组统计的产量 ***

↓	C1	C2	C3	C4
	数量_1	数量_2	数量_3	
1	98	78	71	
2	68	84	62	
3	59	75	91	

图 7-32　钩选“命名包含未堆叠存放数据的列”的计算结果图

按班组统计的产量 ***

↓	C1	C2	C3	C4
1	98	78	71	
2	68	84	62	
3	59	75	91	

图 7-33　未勾选“命名包含未堆叠存放数据的列”的计算结果图

如果你感兴趣，可以试一试，为统计各个检验人员检验的产品数量，你可以按照“检验员”进行拆分；为统计不同产品的数量，你可以按照“产品名称”进行拆分。这将大大方便你的统计分析，特别是在记录特别多时，更能够体现出 Minitab 的好处。

六、堆叠

堆叠是拆分的逆运算。所谓堆叠，就是将原来分别存放在不同列的数据根据使用者的要求，有条理地放在指定的列中的数据整理过程。

堆叠有三个选项：列堆叠、列的区组堆叠、行堆叠。下面将分别举例说明。

【例题 10】已知 3 名学生的成绩已录入数据工作单文件：堆叠（学生名单 1.3-7）.MTW。试将 3 名学生的成绩成堆为列变量数据。

步骤 1：进入 Minitab 系统，调入数据文件：堆叠（学生名单 1.3-7）.MTW，如图 7-34 所示。

图 7-34　用于堆叠的数据文件图

步骤 2：选择"数据"→"堆叠"→"列"，打开成堆列变量主对话框，如图 7-35 所示。

从左边的待选框中，选择"分组""张毅德""王冠""周旋风"，使其进入右边的"堆叠以下列"选项中。

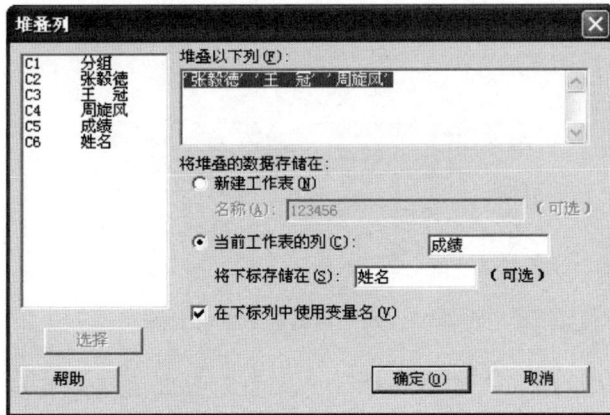

图 7-35　堆叠"列"的对话框图

"将堆叠的数据存储在"有两个选项：

①将堆叠的数据存储在"新建工作表的列"中，需要为新建工作表命名（可选），如果你不给新建的工作表命名，则系统自动生成一个新的工作表名称。

②将堆叠数据存放在"当前工作表"的后列，这个列号需要你来命名，本例中指定存放在当前工作表的列为"成绩"，将对应的堆叠的下标为"姓名"。

选择项"在下标中使用变量名"，如果钩选则表示为变量名（本例中为姓名），否则表示为顺序号。

步骤 3：单击"确定"，完成计算，结果如图 7-36 所示。

↓	C1 分组	C2 张毅德	C3 王　冠	C4 周旋风	C5 成绩	C6-T 姓名
1	1	98	89	68	98	张毅德
2	2	88	87	87	88	张毅德
3	3	87	86	76	87	张毅德
4					89	王　冠
5					87	王　冠
6					86	王　冠
7					68	周旋风
8					87	周旋风
9					76	周旋风

图 7-36　堆叠"列"的计算结果图

【例题 11】 已知 3 名学生的成绩已录入数据工作表：堆叠（学生名单1.3-8）.MTW。

步骤 1：进入 Minitab 系统，调入数据文件：堆叠（学生名单1.3-8）.MTW，如图7-37 所示。

↓	C1 分组	C2 张毅德	C3 王　冠	C4 周旋风
1	1	98	89	68
2	2	88	87	87
3	3	87	86	76

图 7-37　用于堆叠的数据文件图

步骤 2：选择"数据"→"堆叠"→"列的区组"，打开成堆列变量主对话框，如图7-38 所示。

从左边的待选框中，选择"张毅德""王冠""周旋风"分别与"分组"配对，在顶部堆叠，使其进入右边的"将两个或以上的列区组互相在顶部堆叠"选项中。

"将堆叠的数据存储在"有两个选项：

①将堆叠的数据存储在"新建工作表"中，需要为新建工作表命名（可选），如果你不给新建的工作表命名，则系统自动生成一个新的工作表名称。

②将堆叠的数据存放在"当前工作表的列"的后列，这个列号需要你来命名，本例中指定存放在当前工作表的列为"成绩"和"等级"（对应的原来的分组，为什么不继续使用"分组"呢？因为变量名不能够重复，所以更换一个新的变量名："等级"），将对应的堆叠的下标为"学生"。

选择项"在下标中使用变量名",如果钩选则表示为变量名（本例中为姓名），否则表示为顺序号。

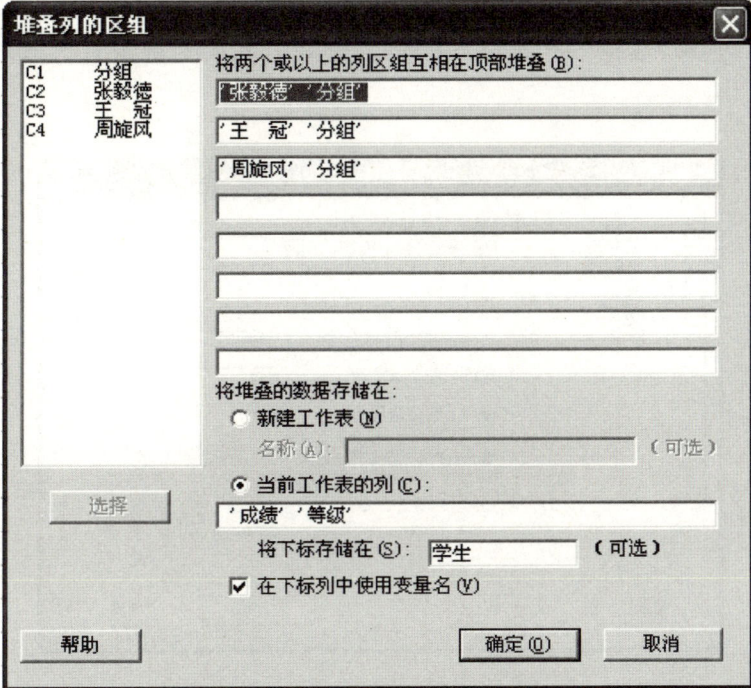

图 7-38　堆叠"列的区组"的对话框图

步骤 3：单击"确定"，完成计算，结果如图 7-39 所示。

↓	C1	C2	C3	C4	C5	C6	C7-T
	分组	张毅德	王　冠	周旋风	成绩	等级	学生
1	1	98	89	68	98	1	张毅德
2	2	88	87	87	88	2	张毅德
3	3	87	86	76	87	3	张毅德
4					89	1	王　冠
5					87	2	王　冠
6					86	3	王　冠
7					68	1	周旋风
8					87	2	周旋风
9					76	3	周旋风

图 7-39　堆叠"列的分组"的计算结果图

【例题 12】仍然使用上例中的数据文件,已知 3 名学生的成绩已录入数据工作表:堆叠(学生名单 1.3-8).MTW。

步骤 1:进入 Minitab 系统,调入数据文件:堆叠(学生名单 1.3-8).MTW。

步骤 2:选择"数据"→"堆叠"→"行",打开成堆列变量主对话框,如图 7-40所示。

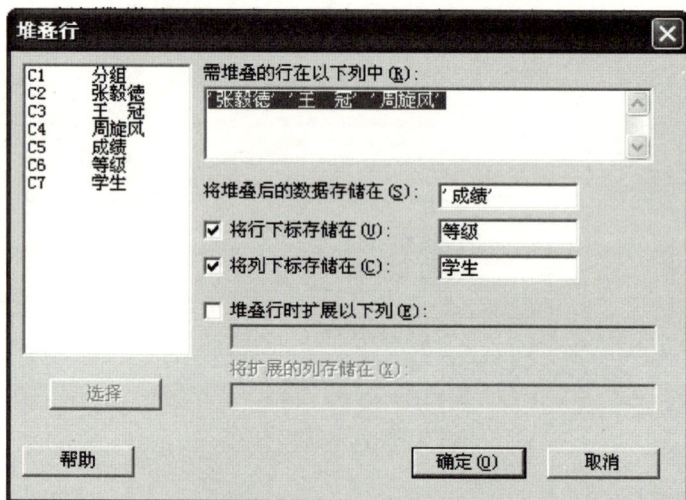

图 7-40 堆叠"行"的对话框图

从左边的待选框中,选择"张毅德""王冠""周旋风",使其进入右边的"需堆叠的行在以下列中"选项中。

"将堆叠的数据存储在"与前例中选择类似,不再讲述。

步骤 3:单击"确定",完成计算,结果如图 7-41 所示。

你不妨比较一下三种堆叠的区别,以便加深理解堆叠的含义和用处。

七、转置列(行与列变换)

Minitab 系统的变换(转置)列变量为行变量,即对矩阵的列和行进行对调,或称为矩阵的转置。在实际工作中,当需要对列变量和行变量同时进行统计学分析或绘制图形时,变换列变量能为用户带来许多方便。

【例题 13】Ikenaga 机械厂机加工车间 2019 年 10 月 8 日的产量已建立数据文件:机加工车间产量统计表(1.3-10).MTW,如图 7-42 所示。试将列变量(各组)

↓	C1	C2	C3	C4	C5	C6	C7-T
	分组	张毅德	王　冠	周旋风	成绩	等级	学生
1	1	98	89	68	98	1	张毅德
2	2	88	87	87	89	1	王　冠
3	3	87	86	76	68	1	周旋风
4					88	2	张毅德
5					87	2	王　冠
6					87	2	周旋风
7					87	3	张毅德
8					86	3	王　冠
9					76	3	周旋风

图 7-41　堆叠"行"的计算结果图

变换成行变量。

步骤 1：进入 Minitab 系统，调入工作表数据文件：机加工车间产量统计表(1.3-10).MTW。如图 7-42 所示。

机加工车间产量统计表（1.3-10）.MTW ***

↓	C1-T	C2	C3	C4	C5
	产品名称	一组	二组	三组	四组
1	端盖	50	69	70	57
2	前轴	66	85	81	76
3	支架	73	88	95	79

图 7-42　机加工车间产量数据文件图

步骤 2：选择"数据"→"转置列"，打开"转置列"主对话框，如图 7-43 所示。

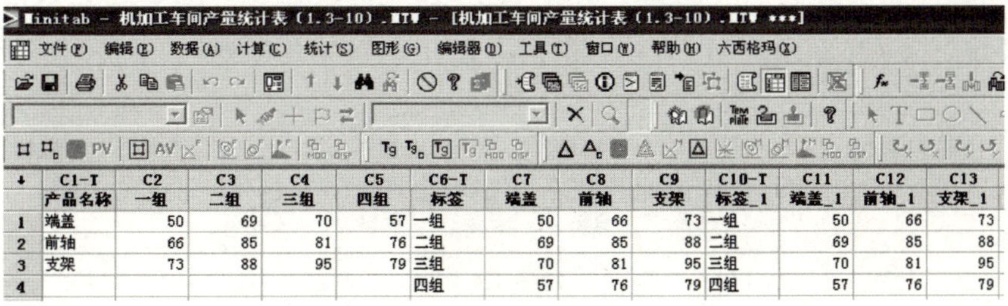

↓	C1-T	C2	C3	C4	C5	C6-T	C7	C8	C9	C10-T	C11	C12	C13
	产品名称	一组	二组	三组	四组	标签	端盖	前轴	支架	标签_1	端盖_1	前轴_1	支架_1
1	端盖	50	69	70	57	一组	50	66	73	一组	50	66	73
2	前轴	66	85	81	76	二组	69	85	88	二组	69	85	88
3	支架	73	88	95	79	三组	70	81	95	三组	70	81	95
4						四组	57	76	79	四组	57	76	79

图 7-43　"转置列"主对话框图

从左边的待选框中，选择"一组""二组""三组""四组"，使其进入右边的"转置以下列"选项中。

在“存储转置”选项中，有两项选择：

①“新建工作表”，选中该项，需要你为新的工作表命名。如果你不给新的工作表命名，Minitab 系统将自动生成一个新的工作表名称，一般是“工作表 *”。

②在最后使用的一列之后，就是在原来的工作表中，不创建新的工作表，在原来使用的工作表的最后一列之后创建新的变量列。本例选择这种转置方法。

“使用列创建变量名”，就是利用原来某一列的变量作为变量名，本例中选择“产品名称”为使用列来创建变量名。

步骤 3：单击“确定”，完成计算，结果如图 7-44 所示。

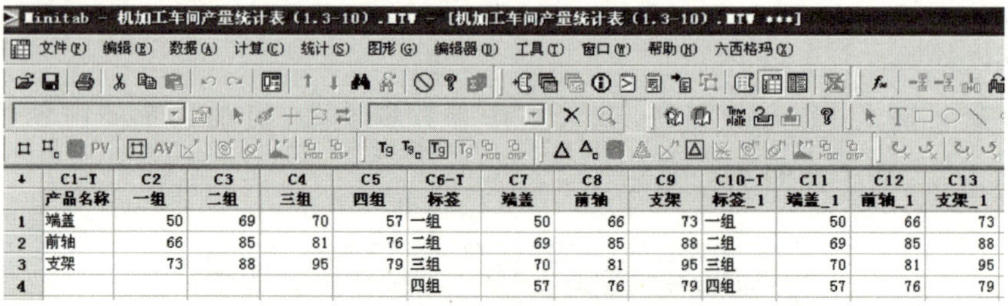

↓	C1-T	C2	C3	C4	C5	C6-T	C7	C8	C9	C10-T	C11	C12	C13
	产品名称	一组	二组	三组	四组	标签	端盖	前轴	支架	标签_1	端盖_1	前轴_1	支架_1
1	端盖	50	69	70	57	一组	50	66	73	一组	50	66	73
2	前轴	66	85	81	76	二组	69	85	88	二组	69	85	88
3	支架	73	88	95	79	三组	70	81	95	三组	70	81	95
4						四组	57	76	79	四组	57	76	79

图 7-44 堆“转置列”的计算结果图

八、数据分类排序

数据分类排序可以根据某一个列变量对另外的一个或多个列变量数据进行由大到小（降序）或由小到大（升序）的排序。

【例题 14】永辉机械厂机加工车间一组 2019 年 10 月的产量已建立数据文件：月产量统计表（1.3-11）.MTW，如图 7-45 所示。试对“支架”产量按“工号”进行排序。

↓	C1	C2	C3	C4	C5
	端盖	前轴	支架	后轴	工号
1	89	74	57	68	18
2	65	75	71	65	16
3	91	74	86	78	17
4	87	71	85	75	15
5	75	65	75	79	1
6	74	67	74	81	3

图 7-45 加工车间一组 2019 年 10 月的产量统计表图(部分)

步骤1：进入 Minitab 系统，调入工作表数据文件：月产量统计表(1.3-11).MTW。

步骤2：选择"数据"→"排序"，打开"排序"主对话框，如图7-46所示。

从左边的待选框中，选择"端盖""前轴""支架""后轴""工号"，使其进入右边的"需排序的列"选项中。

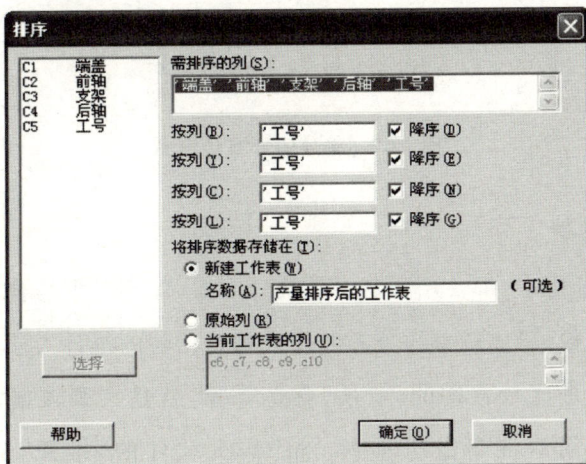

图7-46　排序对话框图

在"将排序数据存储在"选项中，有三项选择：

①"新建工作表"，选中该项，需要你为新的工作表命名。如果你不给新的工作表命名，Minitab 系统将自动生成一个新的工作表名称，一般是"工作表 *"。本例选择这个选项，并且为新的工作表命名为"产量排序后的工作表"。

②"原始列"，选择这个选项，则排序后的数据存储在原来的列中。这种方法原来的变量名没有变化，可能比较实用，但是缺点是原来列的数据将会被消除（变化），可能影响追溯性。

③"当前工作表的列"，选择这个选项，需要你为新生成的变量指定所在的列。如图7-47阴影部分显示，选择"C6,C7,C8,C9,C10"存储新的变量。

步骤3：单击"确定"，完成排序的计算，结果如图7-47所示。这样工号按顺序进行了排列，各种产品的数量也根据工号排序的变动相应进行了排序，使用就更加清晰了。

产量排序后的工作表 ***

↓	C1 端盖	C2 前轴	C3 支架	C4 后轴	C5 工号
1	89	74	57	68	18
2	91	74	86	78	17
3	65	75	71	65	16
4	87	71	85	75	15
5	99	55	67	55	14
6	100	54	65	84	13
7	95	64	69	67	12
8	96	76	68	69	11

图 7-47　排序的计算结果图

九、数据的排秩

在许多统计分析中，都会用到非参数统计方法，即不考虑总体分布类型是否已知，不比较总体参数，只比较总体分布的位置是否相同的统计方法。在非参数统计方法中，秩和检验是比较常用的。“秩”就是等级，就是按照数据大小排定的次序号。这时，就需要对观测量进行排秩。Minitab 软件的“排秩”命令提供了这一功能。

【例题 15】今欲研究某种金属材料的疲劳强度与杂质 A 的含量值的关系，共进行了 141 次实验，数据见附录：观测量排秩(1.3-12).MTW。

为了便于分析，把杂质含量分为整数级，即将变量“杂质含量”分为 1—5 级，变量“疲劳强度”为在某种杂质的含量的情况下测量得到的疲劳强度，希望能够找出“疲劳强度”随着“杂质含量”的级别的提高而发生变化的趋势。

步骤 1：进入 Minitab 系统，调入工作表数据文件：观测量排秩(1.3-12).MTW。

步骤 2：选择“数据”→“排秩”，打开“排秩”主对话框，如图 7-48 所示。

从左边的待选框中，选择“疲劳强度”，使其进入右边的“排秩数据在”选项中。

在“将秩数据存储在”选项中，选择“C3”存储“排秩”变量。

步骤 3：单击“确定”，完成排秩的计算，结果如图 7-49 所示。

十、删除行

删除行变量可以对工作表中的某一列变量，删除指定的行变量数据。

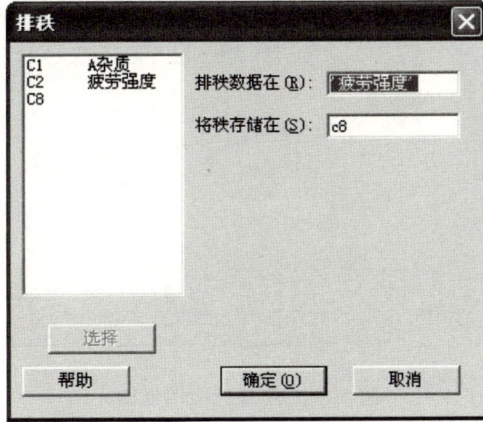

图 7-48　排秩对话框图

图 7-49　排秩的计算结果图

【例题 16】仍使用之前的数据文件：员工基本情况统计表 1.3-5. MTW。

步骤 1：进入 Minitab 系统，调入工作表数据文件：员工基本情况统计表 1.3-5. MTW。

步骤 2：选择"数据"→"删除行"，打开"删除行"主对话框，如图 7-50 所示。

在"需删除的行"选项，规定删除指定的行变量，本例中指定删除 200—294 行。

在"从列中删除"选项，规定删除指定的列变量，本例中指定删除"年龄"和"年收入"两个列变量。

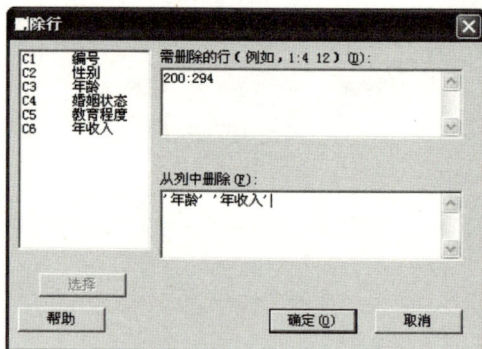

图 7-50 删除行对话框图

步骤 3：单击"确定"，完成删除行的计算。本例中计算的结果把"年龄"和"年收入"两个列变量的 200—294 行删除。如果希望全部列变量的都删除同样的行变量，那么将全部列变量选入"从列中删除"选项中就可以了。

十一、删除变量

"删除变量"就是删除列变量，仍使用之前的数据来演示删除变量的运算。

步骤 1：进入 Minitab 系统，调入工作表数据文件：员工基本情况统计表 1.3-5.MTW。

步骤 2：选择"数据"→"删除变量"，打开"删除变量"主对话框，如图 7-51 所示。

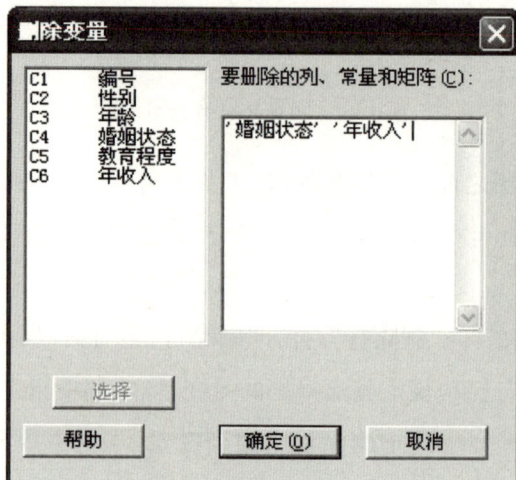

图 7-51 删除变量对话框图

在"要删除的列、常量和矩阵"中选入需要删除的变量,本例中选入"婚姻状况"和"年收入"两个变量。

步骤 3:单击"确定",完成删除变量的计算。本例中计算的结果把"婚姻状况"和"年收入"两个变量删除。

十二、数据编码

数据编码对列变量数据进行重新编码或转换。数据编码的功能比较,但是方法类似,这里只介绍其中的一种,其他的数据编码方法可以结合实际利用。

【例题 17】已知 10 名学生某学科分数,并已建立数据文件:学生成绩1.3-14.MTW。试对其分数按等级编码(文本),编码规则是:96—100 分为优秀,86—95 分为良好,60—85 分为及格,0—59 分为不及格。

步骤 1:进入 Minitab 系统,调入工作表数据文件:员工基本情况统计表1.3-5.MTW。

步骤 2:选择"数据"→"编码"→"数字到文本",如图 7-52 所示。

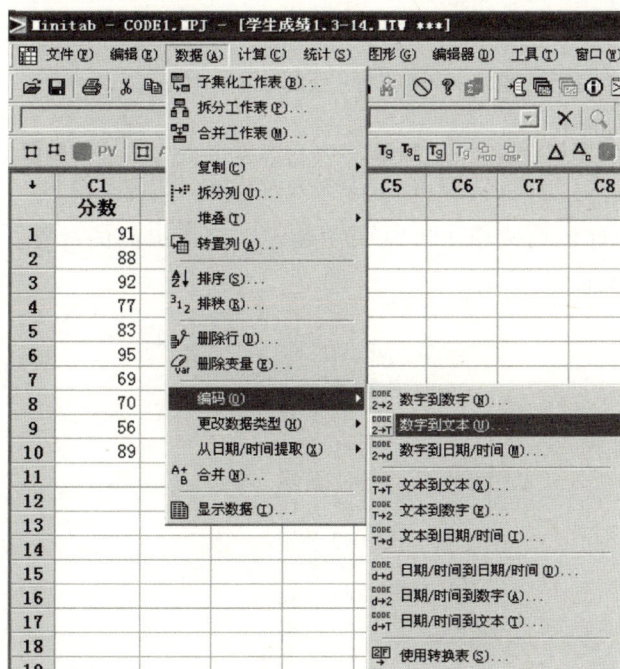

图 7-52　选择编码的命令图

打开"编码—数字到文本"主对话框,如图 7-53 所示。

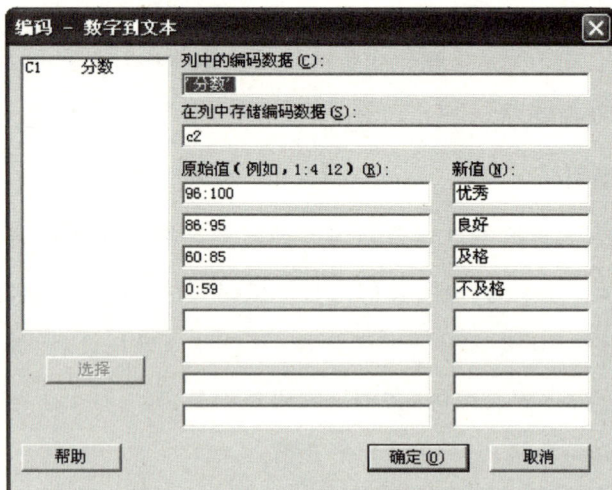

图 7-53 编码—数字到文本主对话框图

把左边待选框中的"分数"选入"列中的编码数据"(本例中只有一列,在实际运用中如果有多列,只选择需要编码的一列或多列即可)。

"在列中存储编码数据",本例选择存储位置为"C2"。

下面是编码规则:

96:100 为优秀;86:95 为良好;60:85 为及格;0:59 为不及格。

步骤 3:设定好各项选项之后,单击"确定",完成编码的计算。本例中计算的结果如图 7-54 所示。

↓	C1	C2-T	C3
	分数		
1	91	良好	
2	88	良好	
3	92	良好	
4	77	及格	
5	83	及格	
6	95	良好	
7	69	及格	
8	70	及格	
9	56	不及格	
10	89	良好	

图 7-54 编码计算的结果图

　　这种计算在质量管理中很有用处,例如对于检验结果,可以使用这种方法进行筛选,规定"编码规则",就可以把"合格品""一等品"等区分开来,大大减少了工作量。它也可以用于人力资源管理和营销管理,例如,对于员工的绩效考核结果的分析等。

第八章 QC 七种工具的操作

　　质量管理的方法可以分为两大类：一是建立在全面质量管理思想之上的组织性的质量管理；二是以数理统计方法为基础的质量控制。组织性的质量管理方法是指从组织结构、业务流程和人员工作方式的角度进行质量管理的方法，它建立在全面质量管理的思想之上，主要内容有制定质量方针，建立质量保证体系，开展 QC 小组活动，各部门质量责任的分担，进行质量诊断等。QC 七大工具（手法），是由日本人总结出来的。在提出、推行七种工具并获得成功之后，日本人于 1979 年又提出了新七种工具。旧 QC 七大工具偏重于统计分析，针对问题发生后的改善；新 QC 七大工具偏重于思考分析过程，主要是强调在问题发生前进行预防。之所以称之为"七种工具"，是因为古代日本武士在出阵作战时，经常携带有七种武器，所谓七种工具就是沿用了七种武器。有用的质量统计管理工具当然不止七种。除了新旧七种工具之外，常用的工具还有实验设计、分布图、推移图、趋势图等。新老 QC 七种工具如表 8-1 所示。

表 8-1　新老 QC 七种工具表

项 目　工 具　名 称　类别	用于数字数据分析、非数字数据分析均可	用于数字数据分析（统计型）	用于数字数据分析（情理型）
老七种工具	检查表 分层法	排列图 直方图 控制图 散布图	因果图

项目 工具名称 类别	用于数字数据分析、非数字数据分析均可	用于数字数据分析（统计型）	用于数字数据分析（情理型）
新七种工具		矩阵数据分析法	亲和图（分层图） 系统图（树图） 关联图 矩阵图 过程决策程序图 箭条图

从目前的使用频率来看，老的 QC 七种工具使用频率更高，效果也更明显，而且很容易用 Minitab 软件来实现，因此，本章节主要讲解老的 QC 七种工具的使用方法。

第一节　检查表

什么是检查表？检查表又叫调查表、核对表或统计分析表，是用以收集和整理信息资料的事先设计好的一类表格。如会议签到表、月度考勤表、顾客满意度调查表等。如表 8-2 所示。检查表是 QC 七大工具中最简单、使用最多的手法。但或许正因为其简单所以不受重视，检查表使用过程中存在的问题不少。下面我们将对检查表的正确使用及注意事项等内容进行介绍。

表 8-2　电器手柄检查表

种类（项目）	检查结果	累积次数
表面伤痕	正正正正正正　下	33
气孔	正正正正	20
加工不良	正正正正正正正　下	37
外形不良	正正正正　下	24
电镀不良	正正正　下	18
其他	正正　下	13

使用检查表的目的：系统地收集资料、积累信息、确认事实并可对数据进行粗略的整理和分析。也就是确认有与没有或者该做的是否完成（检查是否有遗漏）。

检查表的用途:有效解决问题→依据事实→收集资料。

- 避免[观察]与[分析]同时进行。

- 以[记录]代替[记忆]使观察深入。

- 避免收集资料时,渗入情绪文字叙述等不具体明确因素。

检查表的类型:

(1)记录用检查表。

①主要功用是根据收集的数据以调查不良项目、不良原因、工序分布、缺陷位置等情形。

②通常将数据分类成数个项目,以符号、数字记录并作为分析问题掌握事实及改善用的根据。

(2)点检用检查表。

①主要功用是为要确认作业实施、机械整备的实施情况,或为预防发生不良或事故、确保安全时使用。

②这种点检表可以防止遗落(防止不小心的失误)、检查作业基准、机械操作、机械的部位……把非做不可、非检查不可的工作或项目,按点检顺序列出,逐一点检并记录之。

检查表适用范围:选择小团队活动课题;小团队活动现状调查;为应用排列图、直方图、控制图、散布图等工具、方法做前提性的工作;为寻找解决问题的原因、对策,广泛征求意见;为检查质量活动的效果或总结改善的结果收集信息资料。

检查表使用方法:

①明确收集资料的目的和所需收集的资料;

②确定负责人和对资料的分析方法;

③决定所要设计的表格形式。

决定记录的形式:

选择[○][×][⑩][□][△]等记号中之适当者记入。

决定收集的方法:

由谁收集、收集的周期、检查时间、检查方法、检查数等等均应先确定。

记入记号并整理成次数分配表,能直观地看出全体的形态,并兼有收集情报与解析的功能。

注意事项如下：

①应尽量取得分层的信息；

②应尽量简便地取得数据；

③应立即与措施结合；应事先规定对什么样的数据发出警告，停止生产或向上级报告；

④检查项目如果是很久以前制订现已不适用的，必须重新研究和修订。

检查表应用实例：

例1：空压机运行检查表如表8-3所示。

表8-3　空压机运行检查表

检查项目	标　　准	1	2	3	4	5	6	7	8	9	10	11	12	13	…	31
压力	5.5～7N															
油温	7≤90℃															
油位	油镜中线															
储气罐压力	5.5～7N															
干燥温度	T≤50℃															
散热器	通风流畅、风扇正常															
自动排水	自动正常															
排污	无污水															
检查人																
异常处理																

注：正常△　　异常▲

例2：设备点检确认表如表8-4所示。

表8-4　设备点检确认表

确认项目	1日	2日	3日	4日	5日	6日	7日	8日	9日	10日	11日
①冷却水的泄漏	√	√	√	√	√	√	√	√	√	√	√

确认项目	1 日	2 日	3 日	4 日	5 日	6 日	7 日	8 日	9 日	10 日	11 日
②空气泄漏	√	√	√	√	√	√	√	√	√	√	√
③…的过热	√	√	√	√	√	√	√	√	√	√	√
④电气线路的短路	√	√	√	√	√	√	√	√	√	√	√
⑤……	√	√	√	√	√	√	√	√	√	√	√
⑥……	√	√	√	√	√	√	√	√	√	√	√
⑦……	√	√	√	√	√	√	√	√	√	√	√
⑧……	√	√	√	√	√	√	√	√	√	√	√

第二节　分层法

分层法就是把性质相同的问题点，在同一条件下收集的数据归纳在一起，以便进行比较分析的一种方法。分层法又称数据分层法、分类法、分组法、层别法。因为在实际生产过程中影响质量变动的因素很多，如果不把这些因素区别开来就难以得出变化的规律。

数据分层法是统计分析方法之一。数据分层可根据实际情况按多种方式进行。例如，按不同时间、不同班次进行分层，按使用设备的种类进行分层，按原材料的进料时间、原材料成分进行分层，按检查手段、使用条件进行分层，按不同缺陷项目进行分层，等等。数据分层法经常与上述的统计分析表结合使用。

数据分层法，主要是一种系统概念，即在于要想把相当复杂的资料进行处理，就得懂得如何把这些资料有系统、有目的地加以分门别类进行统计。科学管理强调的是以管理的技法来弥补以往靠经验靠视觉判断的管理的不足。而此管理技法，除了建立正确的理念之外，更需要有数据的运用，才有办法进行工作解析及采取正确的措施。如何建立原始的数据及将这些数据依据所需要的目的进行集计，也是诸多品管的最基础工作。

举个例子，我国航空市场近几年竞争日趋激烈，航空公司为了争取市场，除了加强各种措施之外，也在服务品质方面下功夫。我们可以经常在航机上看到客户满意度的调查。此调查是通过调查表来进行的。调查表的设计通常分为地面的服务品质及航机上的服务品质。地面又分为订票、候机；航机又分为空服态度、餐饮、卫生等。通过这些调查，将这些数据予以集计，就可了解从何处加强服务品质了。下表 8-5 中将操作人员分为甲、乙、丙三人，三人分别对不同的设备泄漏进行统计，通过统计泄漏次数，可以计算出泄漏发生的比例。表 8-6 是按配件厂家进行分层统计，与上表按人员统计有些不同，可见通过分层统计可以得出不同的信息，方便后续的改进工作。

表 8-5　泄漏调查表（按人员分类）

操作人员	泄漏（次）	不泄漏（次）	发生率（%）
甲	6	13	32
乙	3	16	25
丙	10	9	53
合计	19	38	33

表 8-6　泄漏调查表（按配件厂家分类）

配件厂家	泄漏（次）	不泄漏（次）	发生率（%）
A	9	14	39
B	10	17	37
合计	19	31	38

两种 QC 工具（分层表和检查表）基本用表格就可以简单完成，不需要 Minitab 软件的应用。

第三节　用 Minitab 绘制因果图

所谓因果分析图，就是将造成某项结果的众多原因，以系统的方式图解，即以图来表达结果（特性）与原因（因素）之间的关系。其形状像鱼骨，又称鱼骨图。某项结果之形成，必定有原因，应设法利用图解法找出其因。首先提出这个概念的是日本的石川馨博士,所以特性原因图又称石川图。因果分析图,可使用在一般管理及工作改善的各种阶段。特别是在树立意识的初期,它易使问题的原因明朗化,从而设计步骤解决问题。分析图使用步骤如下:

步骤1:召集与此问题相关的、有经验的人员,人数最好4—10人。

步骤2:挂一张大白纸,准备2—3支色笔。

步骤3:由集合的人员就影响问题的原因发言,发言内容记入图上,中途不可批评或质问(脑力激荡法)。

步骤4:时间大约1个小时,收集20—30个原因则可结束。

步骤5:就所收集到的原因,何者影响最大,再由大家轮流发言,经大家磋商后,把影响较大者圈上红色圈。

步骤6:与步骤5一样,针对一圈上一个红圈的,若认为最重要的可以再圈上两圈甚至三圈。

步骤7:重新画一张原因图,去除未上圈的,将圈数愈多的列为最优先处理。

因果分析图提供的是抓取重要原因的工具,所以参加的人员应包含对此项工作具有经验者,才易奏效。

例1:探寻“病人在寻找X射线室时遇到困难”的原因时,发现4个潜在原因:政策、场所设备、人、程序。而“政策”原因又可能有2个方面:法规对X光室位置的强制性要求、隔离规则。“场所设备”原因又可能有2个方面:走廊布局图、场所标志。“人”又可能有2个方面:拥挤的走廊、登记处忘记提供指示。“程序”原因可能是:登记排队。请对此画出因果图。

步骤如下:

(1)将4个潜在原因填入工作表的4列(C1—C4),如表8-7所示。

表8-7 工作表

↓	C1-T	C2-T	C3-T	C4-T
	政策	场所设备	人	程序
1	法规对X光室位置的强制性要求	走廊布局图	拥挤的走廊	登记排队
2	隔离规则	场所标记	登记处忘记提供指示	
3				

(2)从“统计→质量工具→因果”进入因果图对话框,如图8-1所示。

(3)在“原因”栏中选入政策、场所设备、人、程序;在“标签”栏下填入:政策、场

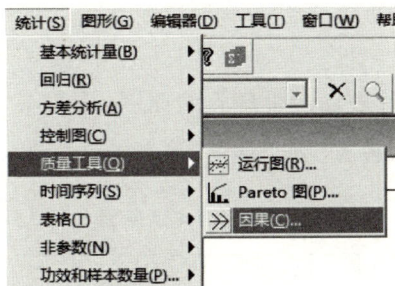

图 8-1　质量工具对话框

所设备、人、程序；在"效应"空格栏中填入"病人在寻找 X 射线室时遇到困难"，如图 8-2 所示。

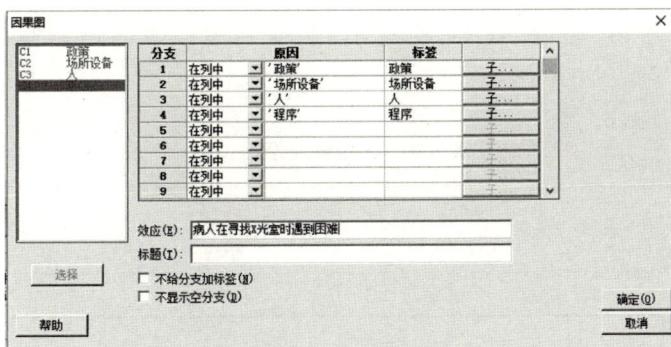

图 8-2　因果图设置

（4）点击"确定"即可得到因果图，如图 8-3 所示。双击图中的字，可以进行编辑。

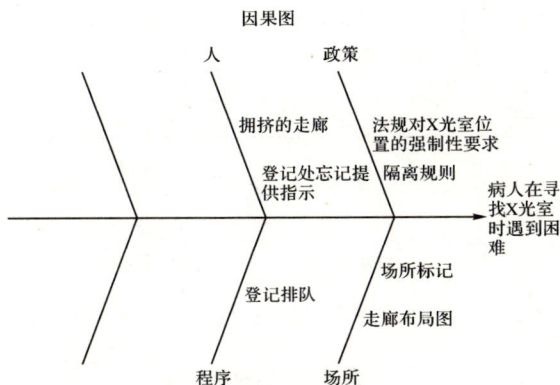

图 8-3　因果图

【每课练一练】

公司为探寻某部件表面产生疵点的原因，从 5M1E 方面分析，发现了 6 个方面的潜在原因，如表 8-8 所示。

表 8-8　表面疵点原因一

人	机器	材料	方法	测量	环境
班次	车床	供应商	角度	仪器	温度
主管	位置	保管	接触	检查员	湿度
培训	速度	防锈剂	刹车		
	润滑				

其中"培训、速度、仪器、检查员"又受到潜在原因的影响，如表 8-9 所示。

表 8-9　表面疵点原因二

培训	速度	仪器	检查员
教师	太慢	精度	不熟练
考试	不稳定	未检查	检查不全面

画出因果图。

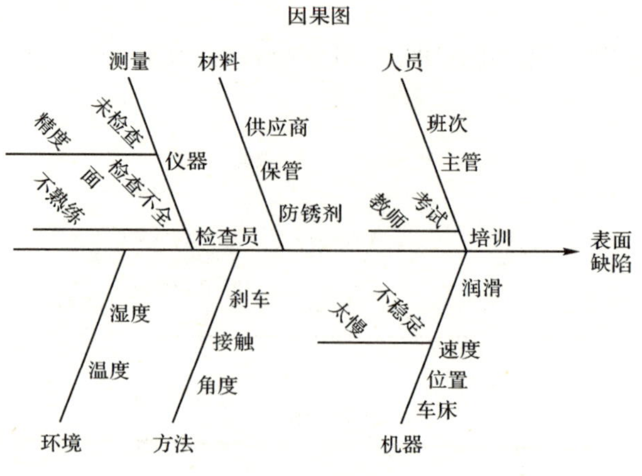

图 8-4　因果图

第四节 用 Minitab 绘制排列图

排列图又称为帕累托图、重点分析图、ABC 分析图,由此图的发明者——19 世纪意大利经济学家帕累托(Pareto)的名字而得名。帕累托最早用排列图分析社会财富分布的状况,发现当时意大利 80% 的财富集中在 20% 的人手里。后来人们发现很多场合都服从这一规律,于是称之为帕累托定律。后来美国质量管理专家朱兰博士运用帕累托的统计图加以延伸将其用于质量管理。排列图是分析和寻找影响质量主原因素的一种工具,其形式用双直角坐标图,左边纵坐标表示频数(如件数、金额等),右边纵坐标表示频率(如百分比表示)。分折线表示累积频率,横坐标表示影响质量的各项因素,按影响程度的大小(即出现频数多少)从左向右排列。通过对排列图的观察分析可抓住影响质量的主原因素。

帕累托使用以层别法的项目别(现象别)为前提,已经顺位调整过后的统计表才能制成帕累托图。在工厂或办公室里,把低效率、缺损、制品不良等损失按其原因别或现象别,也可换算成损失金额的 80% 以上的项目加以追究处理,这就是所谓的帕累托分析。帕累托分析的步骤如下:

(1)将要处置的事,以状况(现象)或原因加以层别;

(2)纵轴虽可以表示件数,但最好以金额表示比较强烈;

(3)决定收集资料的期间,自何时至何时,作为帕累托资料的依据,期限间尽可能定期;

(4)各项目依照合半之大小顺位从左至右排列在横轴上;

(5)绘上柱状图;

(6)连接累积曲线。

例 1:某顾客服务过程输出缺陷数据如表 8-10 所示,试找出需要改进的"关键的少数"因素。

表 8-10 服务过程缺陷

类　型	发生频数（次）
A.顾客等待时间长	51
B.迟于规定时间回复	25
C.回复不准确	13
D.遗漏顾客信息	7
E.账单错误	2
F.收费错误	2

步骤如下：

(1)将数据输入工作表 C1-T、C2 列。如图 8-5 所示。

图 8-5　工作表一

(2)从"统计→质量工具→Pareto 图"进入帕累托图对话框，如图 8-6 所示。

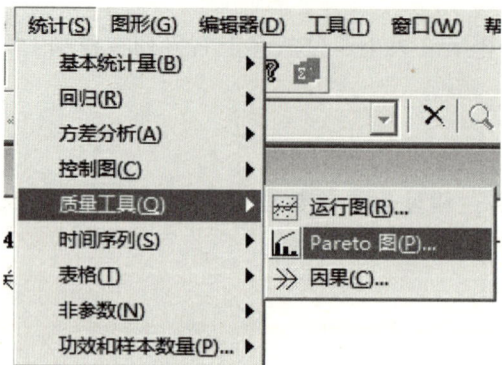

图 8-6　帕累托图对话框设置一

（3）将"类型"选入"缺陷或属性数据在"；将"发生频次"选入"频率位于"；选定"不合并"。如图8-7所示。

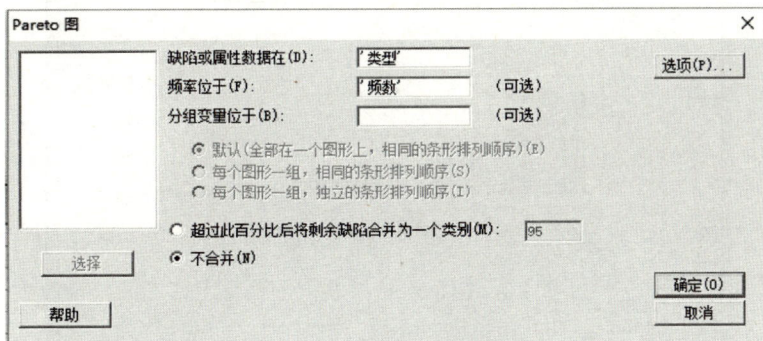

图8-7　帕累托图对话框设置二

（4）还可以点击"选项"对图的信息进行补充，如图8-8所示。

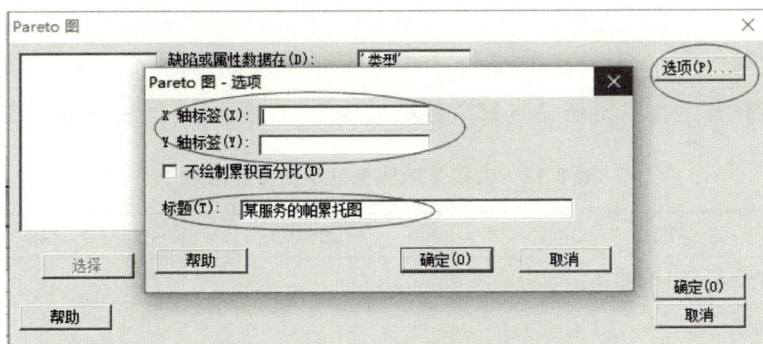

图8-8　帕累托图对话框设置示意图

（5）帕累托图画完了，还可以双击图片自由编辑。如图8-9所示。

（6）结果分析：由于"顾客等待时间长"和"迟于规定时间回复"所占比例为76％，接近80％，可见需要改进的关键过程是"顾客等待时间长"和"迟于规定时间回复"。有时需要改进的"关键少数"因素，不能仅用频数决定。有的缺陷尽管发生的频数少，但是一旦发生就会造成极坏的结果，对这样的缺陷要加上较大的权重，因此，我们必须考虑加权排列图。

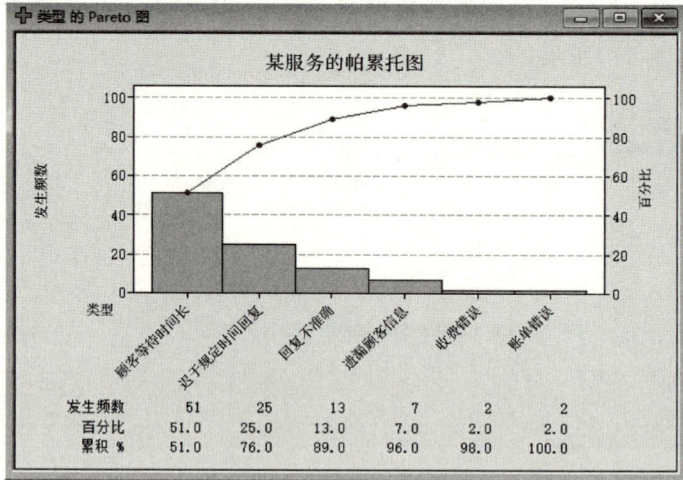

图 8-9　某服务的帕累托图

每课一练

　　某服务过程输出缺陷与权重数据如表 8-11 所示，画出加权排列图。

表 8-11　带权重的服务过程输出缺陷表

类型	权重(%)	发生频数(次)
A:顾客等待时间长	5	51
B:迟于规定时间回复	5	25
C:回复不准确	10	13
D:遗漏顾客信息	10	7
E:账单错误	8	2
F:收费错误	8	2

　　注:先根据权重计算出最终的频数,再画图。

第五节　用 Minitab 绘制直方图

在质量管理中,如何预测并监控产品质量状况? 如何对质量波动进行分析? 直方图就是一目了然地把这些问题图表化处理的工具。它通过对收集到的貌似无序的数据进行处理,来反映产品质量的分布情况,判断和预测产品质量及不合格率。制作直方图,涉及统计学的概念,需要首先要对资料进行分组,因此如何合理分组是关键问题。按组距相等的原则进行的两个关键数位是分组数和组距。

直方图的常见作用有以下三点:显示质量波动的状态;较直观地传递有关过程质量状况的信息;通过研究质量波动状况之后,就能掌握过程的状况,从而确定在什么地方集中力量进行质量改进工作。制作方法及步骤如下:

①集中和记录数据,求出其最大值和最小值。数据的数量应在 100 个以上,在数量不多的情况下,应在 50 个以上。我们把分成组的个数称为组数,每一个组的两个端点的差称为组距;

②将数据分成若干组,并做好记号。分组的数量在 5—12 之间较为适宜;

③计算组距的宽度。用最大值和最小值之差去除组数,求出组距的宽度;

④计算各组的界限位。各组的界限位可以从第一组开始依次计算,第一组的下界为最小值减去最小测定单位的一半,第一组的上界为其下界值加上组距。第二组的下界限位为第一组的上界限值,第二组的下界限值加上组距,就是第二组的上界限位,依此类推;

⑤统计各组数据出现频数,作频数分布表;

⑥作直方图。以组距为底长,以频数为高,作各组的矩形图。

下面介绍如何利用 Minitab 绘制直方图。

例 2:要确定出货数据是否服从正态分布,请创建订购日期和出货日期之间的时间间隔的组块式直方图。

具体步骤如下:

①如果从前一章继续,请转到步骤 5。否则,请启动 Minitab;

②选择文件→打开工作表;

③在对话框底部附近,单击在 Minitab 样本数据文件夹中查找按钮 📋;

④在样本数据文件夹中,双击"入门",然后选择"出货数据.MTW"。单击"打开";

⑤选择图形→直方图。如图 8-10 所示;

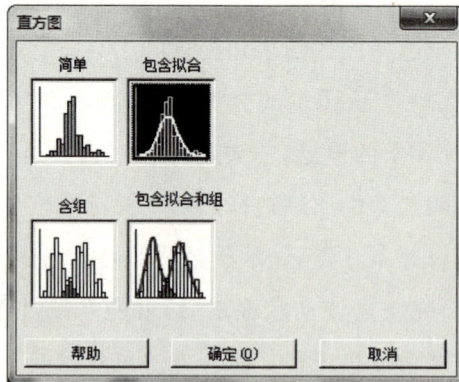

图 8-10　直方图对话框设置一

⑥选择"包含拟合",然后单击"确定";

⑦在"图形变量"中,输入"天数"。如图 8-11 所示;

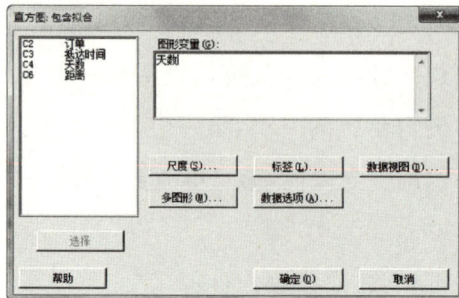

图 8-11　直方图对话框设置二

⑧单击"多图形",然后单击"按变量分组"选项卡;

⑨在"按变量分组在同一图中分列"中,输入"中心"。如图 8-12 所示;

⑩在每个对话框中单击"确定"。得出如图 8-13 所示的图形。

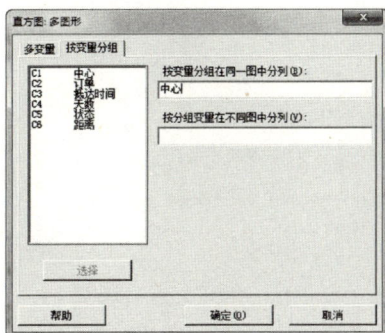

图 8-12 直方图对话框设置三

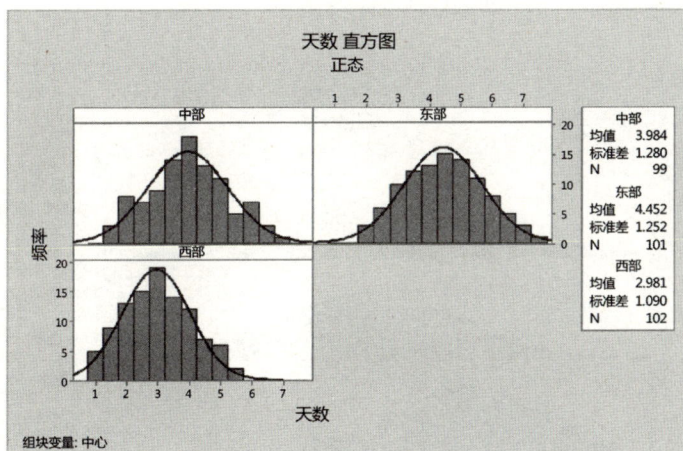

图 8-13 直方图对话框设置四

解释结果：直方图看上去与钟形相似，关于均值对称，这表示每个中心的交货时间大致呈正态分布。

重新排列组块式直方图：对于你创建的图形，你想要重新排列三个组块以便于比较均值和变异。具体操作如下所示。

①右键单击此直方图，然后选择"组块"；

②单击"排列"选项卡；

③在"行和列"中选择自定义。在"行"中输入"3"。在"列"中输入"1"。如图 8-14 所示；

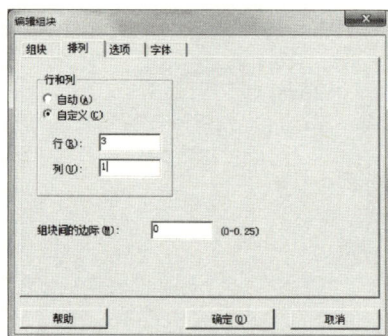

图 8-14　组块选择

④单击"确定"。结果如图 8-15 所示。

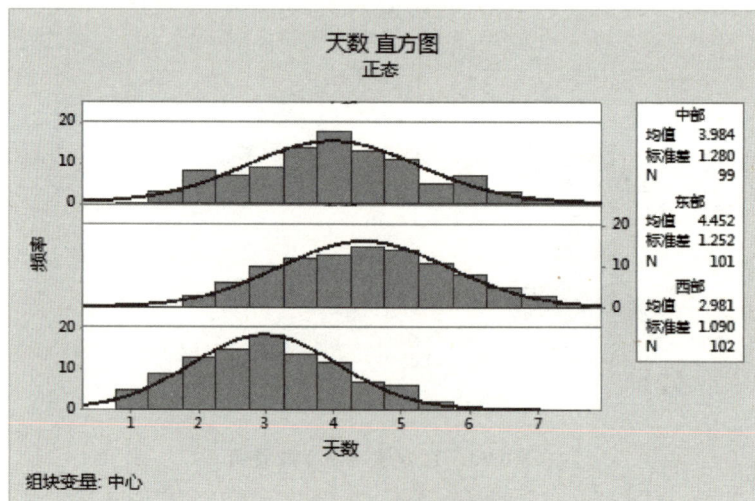

图 8-15　天数直方图

解释结果:每个出货中心的平均交货时间都不同。

• 中部:3.984 天。

• 东部:4.452 天。

• 西部:2.981 天。

直方图显示,中部和东部出货中心的平均交货时间和交货时间分布情况相似。相比之下,西部出货中心的交货时间较短,而且数据分布较集中。另外,为了帮助

你的主管快速解释直方图,你想要更改标题并添加脚注。具体操作如下:

①双击标题天数的直方图;

②在"文本"中,输入"交货时间直方图"。如图 8-16 所示;

③单击"确定";

④右键单击此直方图,然后选择"添加"→"脚注";

⑤在脚注中,输入"西部中心:交货时间最短,变异性最低"。如图 8-17 所示;

⑥单击"确定"。

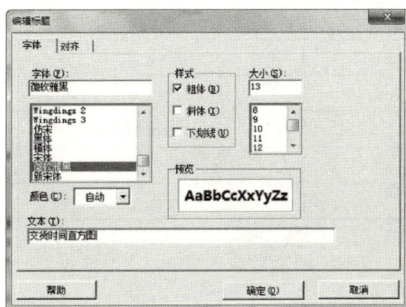

图 8-16　组块选择

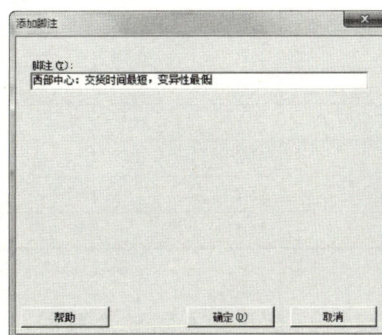

图 8-17　添加脚注

含已编辑标题和新脚注的直方图如图 8-18 所示。

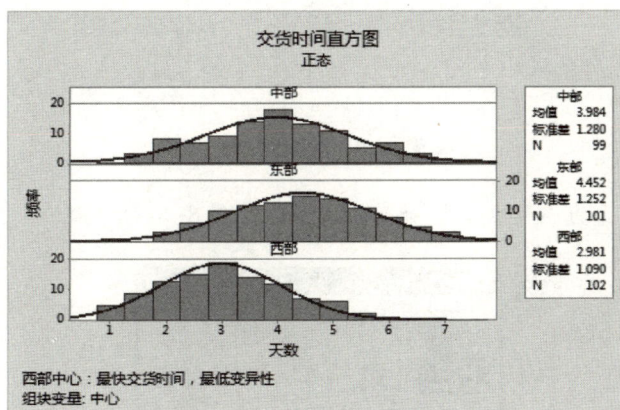

图 8-18　交货时间直方图

每课一练

请利用 Minitab 软件操作画出如表 8-12 中供应商的供货数据的直方图。

表 8-12　某原料供应商提供的质量性能指标检测结果汇总表

序号	供应商 1	供应商 2
1	598.00	601.60
2	599.80	600.40
3	600.00	598.40
⋮	⋮	⋮
50	590.00	603.00
51	578.00	600.00
52	608.00	598.00
53	568.00	601.00
54	599.00	600.00

步骤 1：打开直方图导入数据，如图 8-19 所示。

图 8-19　直方图数据

选择合适的直方图类型，按"确定"即可。如图 8-20 所示。

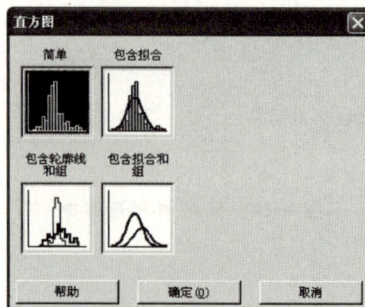

图 8-20　直方图选择界面

步骤 2：选择"图形变量"为"供应商 1"，按"确定"。如图 8-21 所示。

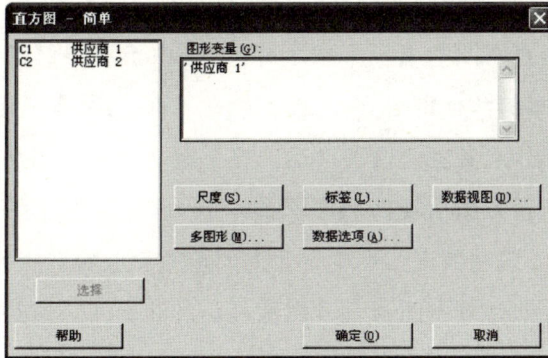

图 8-21　选择图形变量

步骤 3：得出如图 8-22 图形的直方图，根据实际情况开展相应的解释。

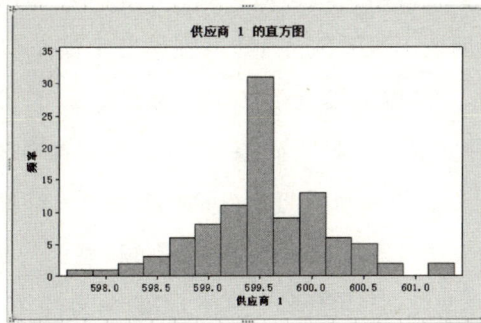

图 8-22　生成的直方图

　　组块式直方图现在具有一个更具描述性的标题和脚注，可提供简要的分析结果解释。我们可以根据直方图的形态来辅助解释分析结果。直方图具体有如下两大形态：正常型和异常型。

　　正常型是指过程处于稳定的形态，它的形状是中间高、两边低，左右近似对称。近似是指直方图多少有点参差不齐，主要看整体形状。

　　异常型直方图种类则比较多，所以如果是异常型，还要进一步判断它属于哪类异常型，以便分析原因、加以处理。下面介绍几种比较常见的异常型直方图。

　　(1)孤岛型。在直方图中有孤立的小岛出现，当这种情况出现时过程中有异常原因。如：原料发生变化，不熟练的新工，人替人加班，测量有误等，这些都会造成孤岛型分布。公司应及时查明原因、采取措施。

（2）双峰型。当直方图中出现了两个峰，这是由于观测值来自两个总体、两个分双峰型直方图分布的数据混合在一起造成的。如：两种有一定差别的原料所生产的产品混合在一起，或者就是两种产品混在一起。此时应当加以分层。

（3）折齿型。当直方图出现凹凸不平的形状，这是因为作图时数据分组太多，测量仪器误差过大或观测数据不准确等。此时应重新收集数据和整理数据。

（4）陡壁型。陡壁型直方图当直方图像高山的陡壁向一边倾斜时，通常表现在产品质量较差时，为了符合标准的产品，需要进行全数检查，以剔除不合格品。当用剔除了不合格品的产品数据作频数直方图时容易产生这种陡壁型，这是一种非自然形态。

（5）偏态型。偏态型直方图是指图的顶峰有时偏向左侧，有时偏向右侧。偏态型直方图，由于某种原因使下限受到限制时，容易发生偏左型。如：用标准值控制下限，摆差等形位公差，不纯成分接近于 0，疵点数接近于 0，或由于工作习惯，都会造成偏左型。由于某种原因使上限受到限制时，容易发生偏右型。如用标准尺控制上限，精度接近 100％，合格率也接近 100％。或由于工作习惯也会造成偏右型。

（6）平顶型。当直方图没有突出的顶峰，呈平顶，然而形成这种情况一般有三种原因。其一是与双峰型类似，由于多个总体、多总分布混在一起。其二是由于生产过程中某种缓慢的倾向在起作用，如工具的磨损、操作者的疲劳等。其三是质量指标在某个区间中均匀变化。

第六节　用 Minitab 绘制散布图

散布图，是用来表示一组成对的数据之间是否有相关性的一种图表。这种成对的数据或许是"特性—要因""特性—特性""要因—要因"的关系。制作散布图是为辨认一个品质特征和一个可能原因因素之间的联系。

一、创建含组的散点图

要检查两个变量之间的关系，可以使用散点图。你可以从"图形"菜单中选择一个散点图，或是用 Minitab 协助。此协助可用于大多数基本的统计检验、图形、质量分析和 DOE（试验设计）。

你可在以下情况下使用此协助：

- 你需要使用协助来选择正确的工具。
- 你想要使用包含更少技术术语并且更容易完成操作的对话框。
- 你想要让 Minitab 为你检查分析假设。
- 你想要包含更多图形并且可详细说明如何解释你的分析结果的输出。

具体操作步骤如下：

①选择协助→图形分析；

②在"绘制变量之间的关系图形"下，单击"散点图（组）"；

③在"Y 列"中，输入"天数"；

④在"X 列"中，输入"距离"；

⑤在"X 列数"中，选择 1；

⑥在"X1"中，输入"中心"。如图 8-23 所示；

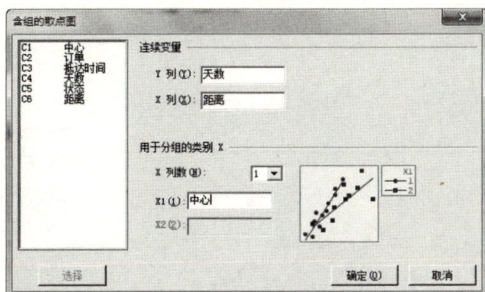

图 8-23　含组的散点图

⑦单击"确定"。

汇总报表：汇总报表包含天数与距离的散点图（在同一图形上出货中心重叠）。此报表还可为每个出货中心提供更小的散点图。如图 8-24 所示。

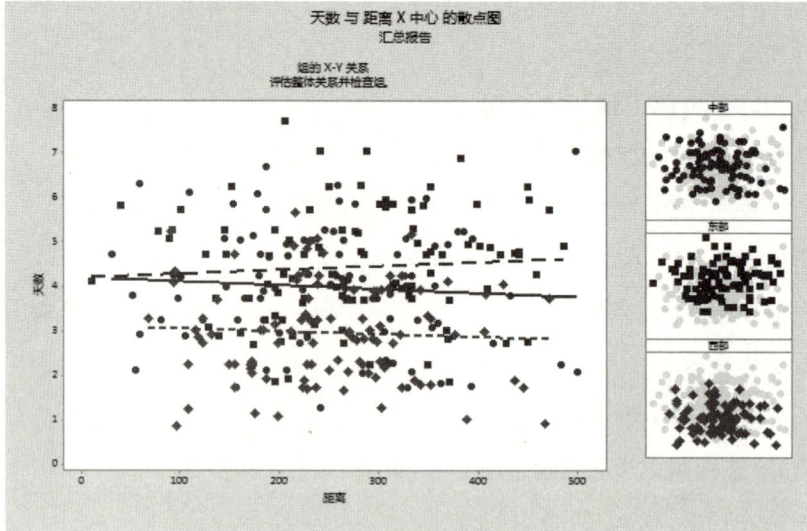

图 8-24 汇总报表

诊断报表:诊断报表为你的数据中可能存在的模式提供指导。散点图上的点不会显示天数与距离之间的透明关系。每个中心的拟合回归线呈水平状,表明从交货位置到出货中心的距离远近对交货时间没有影响。如图 8-25 所示。

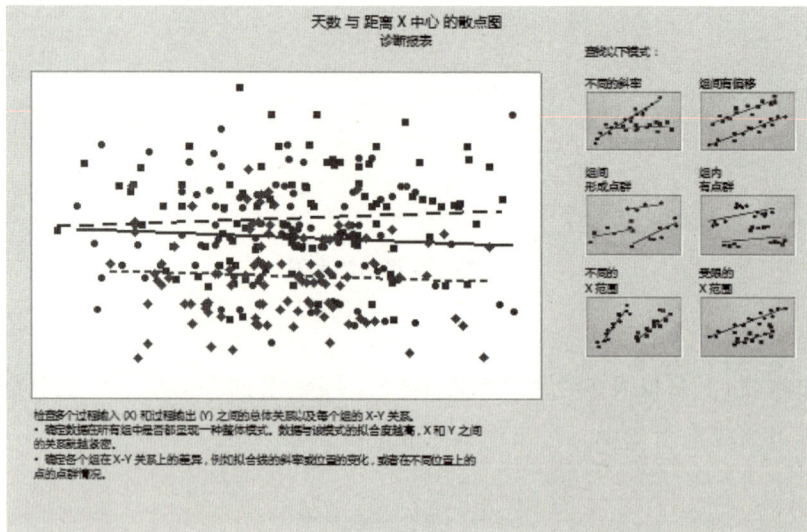

图 8-25 诊断报表

描述性统计量报表：描述性统计量报表中包含每个出货中心的描述性统计量。如图 8-26 所示。

天数 与 距离 X 中心 的散点图
描述性统计量报表

			天数				距离		
中心	N	均值	标准差	最小值	最大值	均值	标准差	最小值	最大值
中部	99	3.9840	1.2798	1.2674	7.0701	253.64	99.797	32	500
东部	101	4.4520	1.2524	1.8597	7.7479	275.94	104.77	11	487
西部	102	2.9814	1.0896	0.87083	5.6806	251.63	88.492	68	473

图 8-26 描述性统计量报表

报告卡：报告卡提供了有关如何检查是否存在异常数据的信息。报告卡还显示 Y 变量和 X 变量之间存在一定的关系。Y 变量是天数，X 变量是距离和中心。回顾一下散点图指示天数和距离之间似乎不存在任何关系的情况。但是，天数和出货中心之间可能存在关系，你将可以在后续的分析数据中进行进一步探究。如图 8-27 所示。

天数 与 距离 X 中心 的散点图
报告卡

检查	状态	说明
异常数据		检查是否存在异常数据点，这些点就是与其余数据无关的点。异常数据点可以导致拟合线拖到更靠近异常点的位置，并远离其他点。由于异常数据会对您执行的任何统计分析的结果产生非常显著的影响，因此您应设法找出异常的根本原因。 您可以将鼠标悬停在一个点上或使用 Minitab 的笔刷功能找出与异常值相对应的工作表行。请考虑删除与特殊原因关联的数据，然后重新创建此图。
后续步骤		X 和 Y 变量之间似乎存在某种关系。请考虑执行回归分析，以进一步探究此关系的本质。

图 8-27 报告卡

使用 Minitab 的图形布局工具可以将多个图形放在一页中，也可以在布局中添加注解，并且在布局中编辑单个图形。如果要向你的主管显示出货数据的初步分析结果，在一个页面上排列汇总报表和组块式直方图，可采取如下步骤：

①确保散点图摘要报表处于活动状态，然后选择"编辑器"→"布局工具"。布局中已包含散点图摘要报表；

②要在一个页面中排列两个图形，请在行中输入 1；

③单击"汇总报表"，并将其拖放到布局的右侧；

④单击右边的按钮 > ，以将组块式直方图放置在布局的左侧；

⑤单击"完成"即可。

具有组块式直方图和散点图的图形布局如图 8-28 所示。

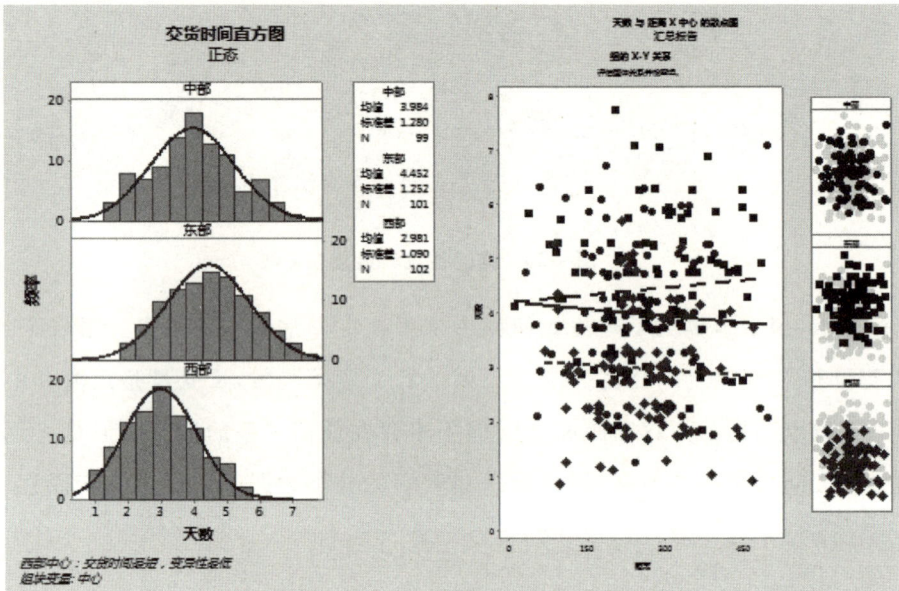

图 8-28　具有组块式直方图和散点图的图布局

如果你要为图形布局添加一个描述性的标题,操作如下:

①要确保选定了整个图形布局,请选择编辑器→选择项→图形区域;

②选择编辑器,添加标题。

③在标题中,输入"出货数据的图形分析"。

④单击"确定"。

具有新标题的图形布局如图 8-29 所示。

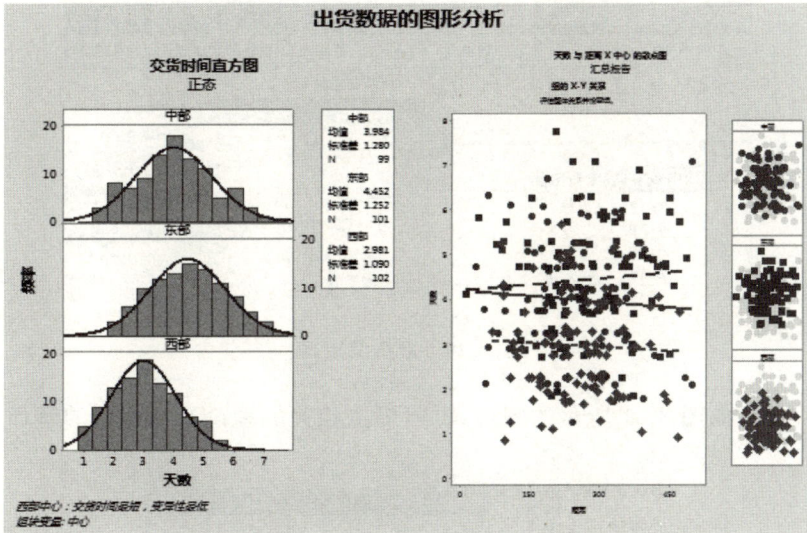

图 8-29　出货数据的图形分析

每课一练

你很关心公司相机电池的新配方是否能够很好地满足顾客的需要。市场调查显示，如果两次放电之间等待的时间超过 5.25 秒，顾客就会变得很不耐烦。

你收集了使用过不同时间的（新旧配方）电池样本。然后，你在每个电池放电后立即测量了其剩余电压（放电后电压），而且还测量了电池能够再次放电所需的时间（放电恢复时间）。请创建一个按配方分组的散点图来检查结果。每组包括一条回归线并包括位于 5.25 秒的临界放电恢复时间处的参考线。

具体操作如下：

步骤 1：在"统计"中选择"回归"，之后再选择"拟合线图"。如图 8-30 所示。

步骤 2：在拟合线图中的响应（Y）中输入或选择"放电恢复"，在预测变量（X）中输入"放电后电压"，在回归模型类型中选择"线性"。

步骤 3：点击"选项"，在显示选项中，选择显示置信区间和显示预测区间。

图 8-30　散布图数据

最后得出如图 8-31 所示的图形,可以根据相关的理论开展相应的解释。

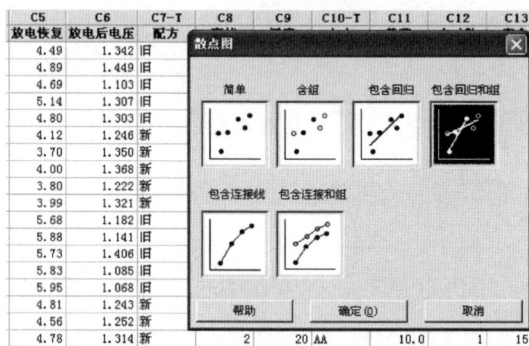

图 8-31　散点图对话框设置一

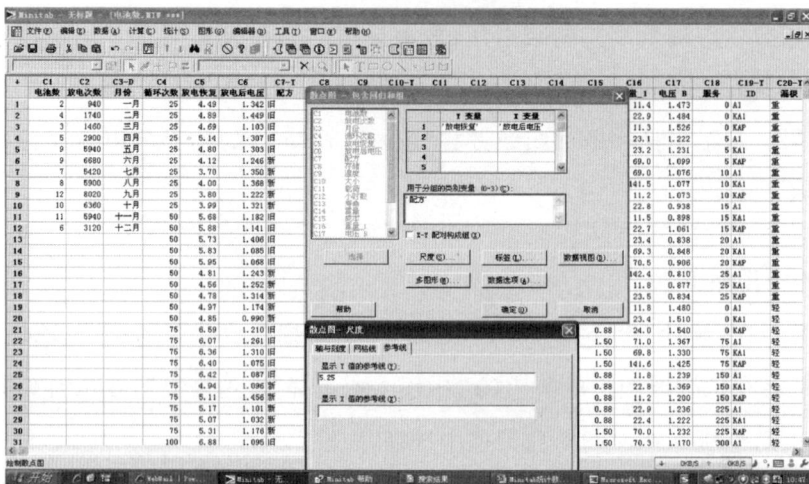

图 8-32　散点图对话框设置二

第七节 用 Minitab 绘制控制图

控制图亦称质量管理图、质量评估图。图上有 3 条平行于横轴的直线:中心线(CL,Central Line)、上控制限(UCL,Upper Control Limit)和下控制限(LCL,Lower Control Limit),并有按时间顺序抽取的样本统计量数值的描点序列。UCL,CL,LCL 统称为控制限(Control Limit),通常控制界限设定在 ±3 标准差的位置。中心线是所控制的统计量的平均值,上下控制界限与中心线相距数倍标准差。若控制图中的描点落在 UCL 与 LCL 之外或描点在 UCL 和 LCL 之间的排列不随机,则表明过程异常。

世界上第一张控制图是由美国贝尔电话实验室(Bell Telephone Laboratory)质量课题研究小组过程控制组学术领导人休哈特博士提出的不合格品率控制图。随着控制图的诞生,控制图就一直是科学管理的一个重要工具,也是不可或缺的管理工具。控制图按其用途可分为两类,一类是供分析用的控制图,用来控制生产过程中有关质量特性值的变化情况,看工序是否处于稳定受控状态;另一类控制图,主要用于发现生产过程是否出现了异常情况,以预防产生不合格品。

在生产过程中,产品质量会受随机因素和系统因素的影响而产生变差;前者由大量微小的偶然因素叠加而成,后者则是由可辨识的、作用明显的原因所引起,经采取适当措施可以发现和排除。当一生产过程仅受随机因素的影响,产品的质量特征的平均值和变差都基本保持稳定时,称之为处于控制状态。此时,产品的质量特征是服从确定概率分布的随机变量,它的分布(或其中的未知参数)可依据较长时期在稳定状态下取得的观测数据用统计方法进行估计。分布确定以后,质量特征的数学模型随之确定。为检验其后的生产过程是否也处于控制状态,就需要检验上述质量特征是否符合这种数学模型。为此,每隔一定时间,在生产线上抽取一个大小固定的样本,计算其质量特征,若其数值符合这种数学模型,就认为生产过程正常,否则,就认为生产中出现某种系统性变化,或者说过程失去控制。

运用控制图可以通过观察控制图上产品质量特性值的分布状况,分析和判断生产过程是否发生了异常,一旦发现异常,就要及时采取必要的措施加以消除,使生产过程恢复稳定状态。

利用 Minitab 制作分阶段控制图（用于改善前后对比）可以更直观地体现出改善前后的差异。这里介绍一个简单方法。首先在做控制图之前，要先准备好改善前后的数据（改善前后的数据不要求一样多），如图 8-33 所示。

↓	C1 改善前	C2 改善后
1	113.955	68.9395
2	104.379	68.7963
3	103.299	65.5772
4	106.295	68.2357
5	109.007	62.4112
6	76.945	68.8488
7	132.032	72.8892
8	112.120	69.9088
9	100.199	77.8737
10	99.072	84.0395
11	112.131	69.8104
12	112.089	77.3616
13	113.913	66.6760
14	89.652	70.1594
15	88.426	71.9158
16	107.511	75.6673
17	94.252	64.7974
18	104.474	78.1888
19	109.586	75.5676
20	106.443	68.5368
21	99.683	73.0269
22	101.068	68.5834
23	103.282	73.6213
24	93.333	75.5022
25	77.029	70.8298
26	104.422	66.8749
27	119.191	62.7524
28	104.432	66.9580
29	103.952	62.5788
30	73.119	66.0093

图 8-33　改善前后数据对比

为了能得到改进前后的数据对比结果，我们有必要作分阶段控制图，我们首先要将改进前后的两部分数据堆叠起来。

具体操作步骤是先打开 Minitab 中的"数据"，然后选中"堆叠"，再选中"列"，在数据堆叠窗口中，把改善前、改善后的数据放入数据框。如图 8-34 所示。

我们可以把堆叠后的数据放入一个新表中，或者放入现有工作表中的指定列。选择"当前工作表的列"：把数据放在那一列，如 C5。"将下标存储在"：把改善前、

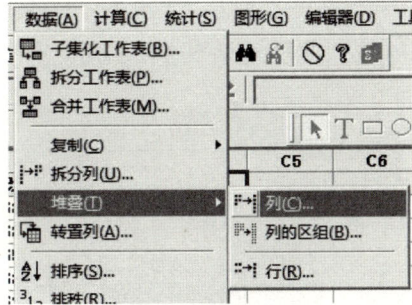

图 8-34　堆叠

改善后的标记存储在那一列，如 C4。如图 8-35 所示。

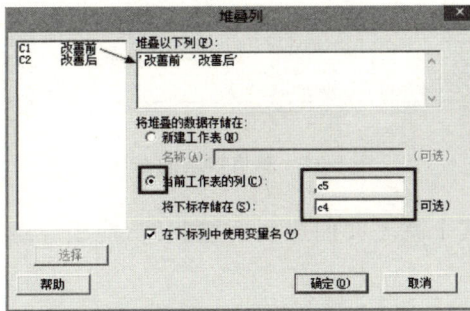

图 8-35　堆叠列

数据存储后，就可以作控制图了。

具体操作如下：首先，选择统计，然后选择"控制图"，再选择"单值变量控制图"，最后再选择"单值"，如图 8-36 所示。

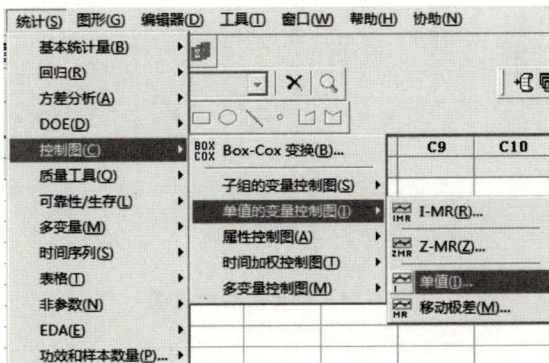

图 8-36　控制图

把我们存储的 C5：数据列放入对话框中（变量）；点击"单值控制图"选项，选择"阶段"把存储下标的列 C4 放入阶段对话框中。点击"确定"。如图 8-37 所示。

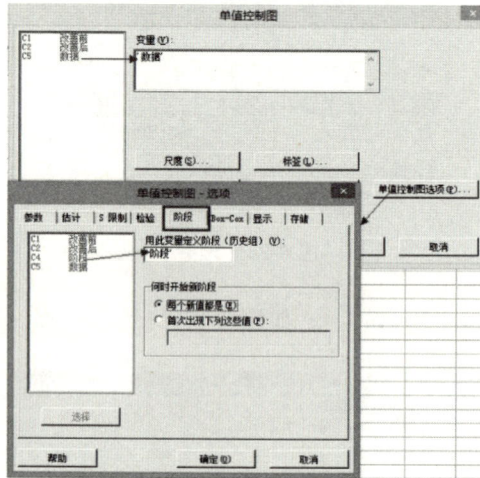

图 8-37 单值控制图选项

如图 8-38 所示，这个就是我们想要的控制图，能很直观地看到改善前后对比情况。

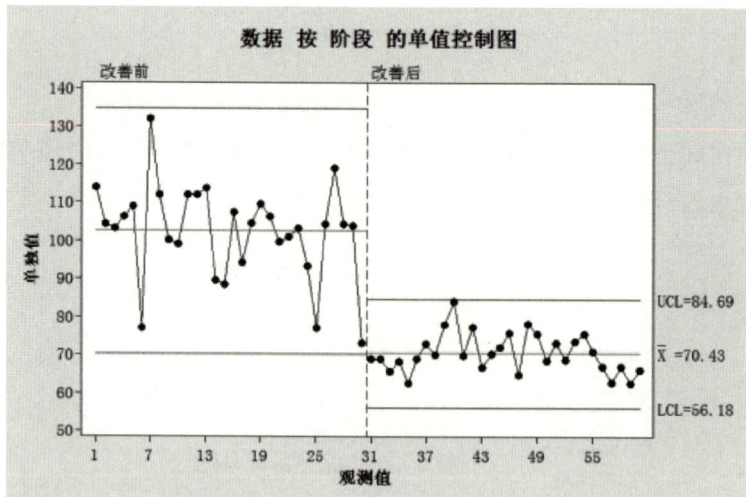

图 8-38 改善前后对比图

从图 8-38 中可以看出，改进前后的均值和区间发生了较大的变化，说明改进后整体状态变好。

后　记

　　21 世纪是质量的世纪,质量管理的重要性不言而喻。很多学者和企业家一致认为,以高层领导为主导的质量管理新时代已到来。目前,国内外权威的质量管理专家明确指出,质量管理已开始进入以领导为主的新时代。很多研究案例显示,所有重视质量的大公司,都是由总经理或总裁亲自过问质量战略并落实质量目标,它们始终以质量为核心,强调宏观和微观质量管理的经营模式。这也是最有前景和生命力的经营理念。很多大公司都有明确的质量管理战略目标,并且由总经理或总裁亲自制定有关质量战略内容。这意味着全面质量管理将越来越重要,在今后的公司管理方面发挥的作用也将越来越大。因此,本教材从"大质量"的角度介绍了卓越绩效管理模式和 ISO 质量管理体系等内容,包括 ISO9000、环境管理、职业健康管理等。

　　产品质量无缺陷,达到世界先进水平,这是当今质量界备受推崇和推广的理念。虽然,永远生产无缺陷的产品实际是不可能的。然而,作为质量管理,必须自上而下不断追求无缺陷这一目标。如果没有这种挑战精神严格要求自己,产品质量将永远达不到世界先进水平。目前国内外的一些知名企业都普遍接受这一理念,并努力采取措施落实。这就需要企业能从微观质量,也就是"小质量"的角度,认真学习和应用各项质量管理工具。因此,本教材从追求完善的质量改进工具角度引入新老七种工具及 QFD,FMEA,DOE,TRIZ 等常用的质量管理工具。

　　本书具有以下特点。①针对性:适应应用型高校的工商管理专业的教学需要,充分考虑了经济与管理专业的培养目标。②实用性:注重理论与实践的结合。③创新性:密切联系国内外企业实际,博采众长,以丰富生动的案例来增强对企业质量管理的感性和理性认识。

　　一方面,本书内容完整,为企业开展质量管理提供了很好的建议和意见,具有很高的学习价值;另一方面,书中实训和实践模块的大量的实例和范文,为读者和高校学生分析和处理实际问题提供了指南。本书实用性强,结构严谨、系统性强、内容创新,适合企业各层次质量管理人员和技术开发人员参考、学习,也适用于高校管理类和工程类师生研究探讨。

　　在该书完成之际,谨向撰写期间所有关心、帮助我的老师、朋友表达衷心的谢意! 特别要感谢我在日本留学期间的恩师池永辉之教授、荻大陆教授、新藤久和教授、斋藤晋教授等的耐心指导,感谢他们对本书提出了中肯的修改意见并撰写序言(推荐),使本书得以完善。有了他们的支持,我将会在以后的人生路上走得更加坚定!

吴志新
2020 年 4 月于杭州